弱鸟先飞 滴水穿石

——《摆脱贫困》出版30周年暨乡村振兴理论研讨会集萃

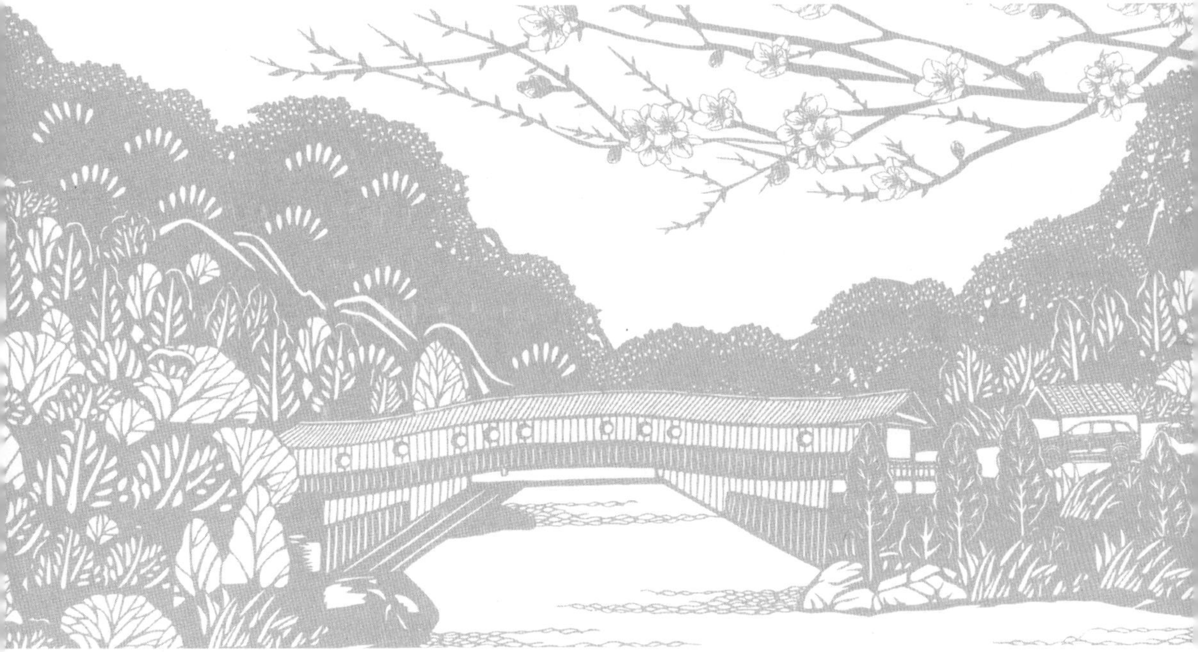

福建省习近平新时代中国特色社会主义思想研究中心宁德实践基地　编

海峡出版发行集团 | 福建人民出版社
THE STRAITS PUBLISHING & DISTRIBUTING GROUP | FUJIAN PEOPLE'S PUBLISHING HOUSE

图书在版编目（CIP）数据

弱鸟先飞　滴水穿石：《摆脱贫困》出版30周年暨乡村振兴理论研讨会集萃 / 福建省习近平新时代中国特色社会主义思想研究中心宁德实践基地编. --福州：福建人民出版社，2023.5

ISBN 978-7-211-09020-4

Ⅰ.①弱… Ⅱ.①福… Ⅲ.①农村—社会主义建设—中国—文集 Ⅳ.①F320.3-53

中国国家版本馆 CIP 数据核字（2023）第 023144 号

弱鸟先飞　滴水穿石
RUONIAO XIANFEI DISHUI CHUANSHI
——《摆脱贫困》出版 30 周年暨乡村振兴理论研讨会集萃

编　　者：	福建省习近平新时代中国特色社会主义思想研究中心宁德实践基地
责任编辑：	韩腾飞
责任校对：	林乔楠
出版发行：	福建人民出版社	电　　话：0591-87533169（发行部）
网　　址：	http://www.fjpph.com	电子邮箱：fjpph7211@126.com
地　　址：	福州市东水路 76 号	邮政编码：350001
经　　销：	福建新华发行（集团）有限责任公司
印　　刷：	福建新华联合印务集团有限公司
地　　址：	福州市晋安区福兴大道 42 号
电　　话：	0591-88208420
开　　本：	720 毫米×1000 毫米　1/16
印　　张：	16.25
字　　数：	209 千字
版　　次：	2023 年 5 月第 1 版	2023 年 5 月第 1 次印刷
书　　号：	ISBN 978-7-211-09020-4
定　　价：	42.00 元

本书如有印装质量问题，影响阅读，请直接向承印厂调换。
版权所有，翻印必究。

前　言

时代是思想之母，实践是理论之源。习近平总书记指出："这是一个需要理论而且一定能够产生理论的时代，这是一个需要思想而且一定能够产生思想的时代。"党的十八大以来，我们党勇于进行理论探索和创新，取得重大理论创新成果，集中体现为习近平新时代中国特色社会主义思想。福建是习近平新时代中国特色社会主义思想的重要孕育地和实践地，习近平同志曾在福建工作17年半，开创了一系列重要理念和重大实践。1992年7月，《摆脱贫困》首次出版，该书收录了习近平同志担任中共宁德地委书记期间的一系列重要讲话和文章，是习近平同志在地方工作时撰写的首部著作。书中关于摆脱贫困的一系列实践探索和理论创新，闪耀着真理的光芒。党的十八大以来，习近平总书记关于脱贫攻坚的一系列重要论述，在《摆脱贫困》中都能找到理论源头和实践起点。

2022年是《摆脱贫困》出版30周年。重温《摆脱贫困》这一光辉著作，深刻感悟其中蕴含的真理力量和实践伟力，有助于我们从理论源头和实践起点出发，不断加深对习近平新时代中国特色社会主义思想的理解，进一步增强全面推进乡村振兴的自觉性坚定性，以更加宽阔的眼界全面推进乡村振兴和全体人民的共同富裕。

新思想引领新时代，新使命开启新征程。党的二十大报告指出："中国式现代化是全体人民共同富裕的现代化"。为实现这一目标，我们要始终坚持以习近平新时代中国特色社会主义思想为指导，深入挖掘《摆脱贫困》蕴含的丰富的政治智慧、理论营养、哲学内涵和经济思想，结合学习贯彻习近平同志在福建工作期间开创的一系列重要理念、重大实践和对福建工作的重要指示批示精神，大力实施新思想探源计划，推出一批有思想高度、理论深度、实践厚度的理论文章，为全面推进乡村振兴、实现共同富裕、奋力谱写全面建设社会主义现代化国家福建篇章提供理论支撑。我们要始终牢记嘱托、感恩奋进，坚定不移沿着习近平总书记指引的方向勇毅前行，聚力聚焦农业农村现代化，坚持产业引领、以城带乡、文化赋能、生态宜居，立足优势、做足特色，努力走出具有福建特色的乡村振兴之路。

2022年7月5日，《摆脱贫困》出版30周年暨乡村振兴理论研讨会在福建福州、宁德召开，会议由中共福建省委、中共宁夏回族自治区党委、国家乡村振兴局、《求是》杂志社共同主办，以线上线下相结合方式召开。会议期间，与会代表、专家学者围绕《摆脱贫困》历史贡献、时代价值，就深入贯彻落实习近平总书记关于乡村振兴重要论述，巩固拓展脱贫攻坚成果与乡村振兴有效衔接、促进共同富裕等进行深入交流研讨。为集中展现研讨会丰硕成果，特遴选部分文章和论文摘编，结合中央、福建主要媒体报道文章结集出版，供同志们参阅交流。

目　　录

从《摆脱贫困》中汲取乡村振兴的智慧和力量
　　——《摆脱贫困》出版30周年暨乡村振兴理论研讨会综述
　　　　《光明日报》 ································· 1
《摆脱贫困》的思想内涵及时代价值
　　　　曹　立 ······································· 6
把巩固拓展脱贫攻坚成果这件大事抓紧抓好
　　　　张红宇 ······································ 10
调查研究是干好各项工作的基础方法
　　　　王立胜 ······································ 14
脱贫与发展的有效路径
　　　　王小林 ······································ 17
从摆脱贫困向共同富裕迈进
　　——宁德的实践和启示
　　　　福建省习近平新时代中国特色社会主义思想研究中心 ········ 21
不断从《摆脱贫困》中汲取智慧和力量
　　　　梁伟新 ······································ 27

论 文 选 编

实现共同富裕要注重发挥双层经营体制"统"的功能
　　——学习《摆脱贫困》的点滴体会
　　　　徐祥临 ………………………………………………… 37

中国式现代化视野下的乡村振兴之路：历史演进与实践探索
　　　　苑　鹏 ………………………………………………… 50

从《摆脱贫困》到实施乡村振兴
　　——习近平同志关于福建扶贫与乡村振兴论述的深远影响
　　　　徐进功　叶兴建 ……………………………………… 56

《摆脱贫困》蕴涵的哲学智慧
　　　　张艳涛 ………………………………………………… 65

中国共产党领导下的农业可持续发展：从战天斗地到绿色发展
　　　　金书秦　丁　斐 ……………………………………… 74

"精准"
　　——摆脱贫困和乡村振兴的重要思想方法
　　　　刘　艳　安　可　高苏薇 …………………………… 86

农民合作社发展与相对贫困治理协同推进机制构建：理论逻辑与实践路径
　　　　赵晓峰　康宇兰 ……………………………………… 92

宁德市巩固拓展脱贫攻坚成果同乡村振兴有效衔接研究
　　　　魏远竹　林俊杰　张　群 …………………………… 108

践行精准脱贫思想：从摆脱贫困到乡村振兴的宁德茶产业实证研究
　　　　夏良玉 ………………………………………………… 118

要素如何回流乡村？
　　——屏南文创推进乡村振兴的经验与启示
　　　　潘家恩　陈冬梅　马　黎　杨　贺　温铁军 ……… 127

闽东特色民族乡村振兴之路的理论逻辑、历史逻辑与现实路径
　　游国斌 ………………………………………… 133
服务型治理：乡镇社工站的运作逻辑与实践机制
　　姚进忠　林悦盈 ……………………………… 145
职业教育助力乡村振兴
　　——以宁德职业技术学院为例
　　陈　群 …………………………………………… 170

论点摘编

深刻理解脱贫攻坚和全面建成小康社会与实施乡村振兴和实现共同富裕的关系
　　——学习《摆脱贫困》的体会
　　张　琦 …………………………………………… 185
从摆脱贫困到共同富裕
　　吕德文 …………………………………………… 186
坚持"两个精准"基本方略的江苏实践与后续思考
　　吴国清　朱　奎 ……………………………… 187
中国共产党领导农民摆脱贫困的经验及启示
　　董长瑞 …………………………………………… 188
《摆脱贫困》学习心得及其对乡村振兴的启示
　　张蚌蚌 …………………………………………… 189
《摆脱贫困》的马克思主义哲学意义
　　陈承茂 …………………………………………… 190
摆脱贫困、乡村振兴与共同富裕：逻辑关系与推进路径
　　黄寿峰 …………………………………………… 191

"实践高于认识的地方正在于它是行动"
——浅析《摆脱贫困》中的马克思主义认识论思想
　　张文彪 ………………………………………………… 192
从《摆脱贫困》看习近平新时代中国特色社会主义思想的萌发
　　许维勤　谭　敏 ……………………………………… 193
从摆脱贫困到共同富裕：《摆脱贫困》的辩证思维及其当代价值
　　薛秀军　耿国宾 ……………………………………… 194
精准扶贫与乡村振兴战略：内在关联和有效衔接
　　张赛群 ………………………………………………… 195
精神生活共同富裕的重要意蕴和推进路径
　　张　一 ………………………………………………… 196
《摆脱贫困》内蕴的治理思想谱系及其价值启示
　　陈建平　俞敏捷　黄种兴 …………………………… 197
理论逻辑、历史逻辑、实践逻辑
——从摆脱贫困到乡村振兴、实现共同富裕的逻辑展开与统一
　　夏侯建兵　李小兵　林伟荦 ………………………… 198
《摆脱贫困》的理论价值与思想贡献
　　黄　雄 ………………………………………………… 199
《摆脱贫困》主要思想内涵及当代价值
　　邱树添 ………………………………………………… 200
习近平厦门扶贫工作：作风、思路和举措
　　汤兆云 ………………………………………………… 201
习近平在宁德工作期间关于扶贫的重要论述研究
　　宋帮强 ………………………………………………… 202
习近平宁德工作期间关于"三农"的重要论述及其时代价值
——以《摆脱贫困》为研究文本
　　何孟飞 ………………………………………………… 203

提升中国扶贫经验传播话语权的意义与路径选择
　　吴春金　胡亚珂 ………………………………………… 204
习近平生态文明思想在福建的孕育和实践对新时代乡村振兴战略的启示
　　黄承梁　林　震　黄茂兴 ……………………………… 205
重视乡村文化建设　提高农民幸福感
　　朱启臻 …………………………………………………… 206
积极型治理：中国共产党反贫困战略的经验总结与理论提炼
　　郭　亮 …………………………………………………… 207
从绿到金：基于自然的生态振兴与绿色共富之道
　　林　震 …………………………………………………… 208
以县域为单元高质量打造乡村振兴齐鲁样板
　　崔宝敏 …………………………………………………… 209
公共财政体制城乡一体化与乡村振兴
　　——以永安市曹远镇为例
　　李文溥　唐文倩　王燕武 ……………………………… 210
产业联盟党委：乡村基层党建创新引领乡村产业振兴研究
　　——闽西北J县A乡的实证调查
　　朱冬亮　王红卓 ………………………………………… 211
乡村产业振兴的发力点和突破口
　　王艺明 …………………………………………………… 212
赋能新型农村集体经济：现实困境与可能路径
　　舒　展　曾耀岚 ………………………………………… 213
农业科技创新与乡村产业振兴的关系研究
　　——基于福建省数据分析
　　王　婷　谢水旺 ………………………………………… 214
推动闽台乡村融合　助力福建乡村振兴
　　杨洪涛　胡亚美 ………………………………………… 215

组织嵌入治理助推农村集体经济发展路径研究
　　——以福建干部下派制度为例
　　　　林昌华 ……………………………………………………… 216
乡村振兴战略下数字普惠金融对农村收入影响实证研究
　　　　程俊恒　陈守坤 ………………………………………… 217
从"闽宁模式"解读脱贫致富的中国智慧
　　　　杨选华 ……………………………………………………… 218
福建乡村绿色发展"三化"路径探究
　　　　陈贵松　陈小琴 …………………………………………… 219
习近平总书记关于科技扶贫的重要论述：理论逻辑、现实逻辑和具体
　　内容
　　　　黄安胜　阮晓菁　李孟君 ………………………………… 220
教育扶贫迈向乡村教育振兴的现实逻辑与未来图景
　　　　黄耀明 ……………………………………………………… 221
习近平农业多功能性相关论述及实践
　　　　丁长发 ……………………………………………………… 222
国有企业"内嵌"精准扶贫战略的政治经济学分析
　　——以中交怒江扶贫模式为依据
　　　　肖　斌　尤惠阳 …………………………………………… 223
新中国成立以来党领导"三农"工作的历程与经验启示
　　　　赖扬恩 ……………………………………………………… 224
新型农村集体经济促进乡村振兴的内在机理分析
　　　　钟卫华　石雪梅 …………………………………………… 225
乡村振兴视域下"一肩挑"政策的村级补偿实践
　　——以福建省四县（市）调查为例
　　　　殷文梅 ……………………………………………………… 226
农村现代化水平评价与省域差异分析
　　　　郭翔宇　钱佰慧　王艳娣 ………………………………… 227

农村生活污水治理多元主体投入路径及对策研究
　　——以河南省为例
　　　张鸣鸣 ………………………………………………… 228
汇聚慈善公益力量　大步走向共同富裕
　　　张所菲 ………………………………………………… 229
走好新的赶考之路，必须把乡村振兴不断推向前进
　　　赵文涛 ………………………………………………… 230
新时代广东推进乡村振兴的实践探索与重要经验研究
　　　宋宗宏 ………………………………………………… 231
凉山彝区深度贫困形成机理与精准扶贫施策机制研究
　　　高　杰 ………………………………………………… 232
论乡村振兴战略落实路线图
　　　彭兆荣 ………………………………………………… 233
乡村振兴战略的"三让"愿景：理论意义与实践价值
　　　卢长宝 ………………………………………………… 234
从脱贫到振兴：农旅融合背景下红色乡村的跃迁之路
　　——以福建省下党村为例
　　　林　胜　吴文溢 ……………………………………… 235
中国乡村共同富裕典型案例的一般经验及其政治经济学分析
　　　杨玉华 ………………………………………………… 236
摆脱贫困背景下闽东畲族文化发展的实践逻辑及建构路径
　　　李益长　陈丽冰 ……………………………………… 237
共同富裕目标下的区域乡村振兴理论与实践探索
　　——基于三明市乡村振兴实践的若干思考
　　　曾祥添 ………………………………………………… 238
习近平扶贫论述暨中国减贫学
　　　兰光其 ………………………………………………… 239

数字赋能福建省农村电商高质量发展
  姜红波 张智超 杨欣欣 ················· 240
全域旅游视角下三明红色旅游品牌构建路径探讨
  陈爱兰 ······································· 241
区位视角下的福建省乡村绿色振兴分类施策研究
  郑国诜 ······································· 242
宅基地退出与乡村振兴运行逻辑
  ——晋江市案例分析
  林彩云 ······································· 243
数字技术赋能乡村振兴的意义、挑战及实现路径
  朱元臻 ······································· 244
新时代扎实推动共同富裕：概念辨析、现状挑战及路径选择
  崔佳慧 ······································· 245
IP 生产和流量变现赋能乡村振兴
  马 聪 ······································· 246

从《摆脱贫困》中汲取乡村振兴的智慧和力量

——《摆脱贫困》出版 30 周年暨乡村振兴理论研讨会综述

《摆脱贫困》出版 30 周年暨乡村振兴理论研讨会 7 月 5 日在福建福州召开。30 年前，习近平同志著述《摆脱贫困》，围绕闽东地区脱贫致富、加快发展这一主题，提出了许多富有创见的重大理念、观点和方法，深刻回答了推进闽东地区经济社会发展的重大理论和实践问题，穿越时空、历久弥新，闪耀着马克思主义真理光芒。

本次研讨会由福建省委、宁夏回族自治区党委、国家乡村振兴局、《求是》杂志社联合主办，以线上线下相结合方式召开，同时在宁德设分会场。与会代表、专家学者围绕《摆脱贫困》历史贡献、时代价值，就深入贯彻落实习近平总书记关于乡村振兴重要论述，巩固拓展脱贫攻坚成果与乡村振兴有效衔接、促进共同富裕等进行深入交流研讨。

深刻认识《摆脱贫困》的历史贡献和时代价值

《摆脱贫困》集中反映了习近平同志带领闽东干部群众为摆脱贫困而进行的深刻理论思考和艰苦实践探索，具有鲜明的政治立场、价值追求和使命担当，是中国脱贫攻坚与乡村振兴理论实践的重要原点。北京大学新结构经济学研究院院长林毅夫认为，《摆脱贫困》中以经济为中心和因地制宜发挥区域优势的方针政策,对今天推动乡村振兴与实现共同富裕,仍然是具有根本意义的指导原则。

中国社会科学院哲学研究所党委书记王立胜认为,《摆脱贫困》立足宁德地区经济社会发展基础,坚持人民群众在经济社会发展中的主体性地位,制定因地制宜、"弱鸟先飞"等发展战略,引领宁德地区快速发展。

中央党校(国家行政学院)教授曹立认为,《摆脱贫困》创新性地提出了物质贫困、思想贫困和信念贫困3个概念,对其辩证关系进行了系统论述,为摆脱贫困找到了思路和路径。

北京师范大学教授张琦认为,《摆脱贫困》是中国特色反贫困理论的思想渊源,为脱贫攻坚和全面建成小康社会提供丰富的历史经验和精神指引,具有重要时代价值。

《摆脱贫困》蕴含着丰富的政治智慧、理论营养和哲学内涵,是唯物主义认识论和辩证法的生动体现。福建省政协原副主席陈增光认为,《摆脱贫困》蕴含着深刻的科学原理和实践精神,为深入理解和把握习近平新时代中国特色社会主义思想的核心要义、精神实质、丰富内涵和实践要求,建立了理论原点和实践起点。

福建社会科学院研究员张文彪认为,《摆脱贫困》展示了坚持认识和实践辩证统一的理论思维、坚持实事求是与群众路线紧密结合的实践智慧、坚持问题导向和实现价值相统一的行动逻辑,彰显出唯物主义认识论和辩证法在具体政治实践中的理论定力和实践伟力。

不断强化对新时代乡村振兴的思想引领

《摆脱贫困》为新时代巩固拓展脱贫攻坚成果、全面推进乡村振兴提供了重要启示。本次研讨会还同时举办"习近平同志重要著作《摆脱贫困》的丰富内涵与习近平总书记关于全面建成小康社会、实施乡村振兴和实现共同富裕重要论述的源流关系和探索传承""中国共产党领导'三农'工作的历史经验与启示""中国特色乡村振兴之路与全面建设社会主义现代化国家"3个分论坛，围绕如何强化对新时代乡村振兴的思想引领而展开研讨。

复旦大学合作发展研究中心执行主任王小林认为，全面推进乡村振兴要坚持党的领导和人民群众主体地位，坚持以益贫性经济增长、包容性社会发展，构建乡村经济和社会繁荣制度基础，以多维度精准治理补好乡村振兴短板。

宁波大学教授刘艳认为，要借鉴《摆脱贫困》因地制宜、分类指导的精准扶贫思想方法，推进乡村振兴精准施策。

国防大学教授赵文涛认为，要坚持以思想旗帜为引领，增强推进"三农"工作和乡村振兴的思想自觉、政治自觉和行动自觉，促进农业全面升级、农村全面进步、农民全面发展。

中央党校（国家行政学院）教授徐祥临认为，要旗帜鲜明坚持土地集体所有制，加快发展壮大农村集体经济，为农村彻底摆脱贫困和农民走上共同富裕道路提供坚实物质保障。

中国农业大学教授李小云认为，要根据中国现代化转型和城乡融合发展的新阶段新特点，围绕产业兴旺要求，推进农业现代化发展，拓展乡村产业多种功能，构建乡村产业体系。

清华大学教授张红宇认为，要借鉴打赢脱贫攻坚战的经验做法，持续推进脱贫地区农民收入实现跨越式发展，抓住产业、就业两个根本性问题建立乡村振兴长效机制。

以高质量发展扎实推进"共同富裕"

本次研讨会由闽宁双方共同主办。闽宁协作是习近平同志在闽工作时亲自开创、亲自部署、亲自推动的伟大事业。多年来，闽宁携手，不断推进共同富裕的先行先试，开创了东西部扶贫协作的"闽宁模式"。举办此次研讨会，旨在科学把握乡村振兴内涵意蕴，提升乡村振兴战略实施成效，为实现共同富裕夯基固本。

厦门大学党委副书记徐进功认为，从"摆脱贫困"到"精准扶贫"，从"精准脱贫"到"乡村振兴、实现共同富裕"，习近平总书记扶贫理念随着实践发展不断拓展深化，形成了从理念到理论再到实践的"知行合一"理论实践体系。

福建师范大学副教授杨选华提出，要借鉴"闽宁模式"统筹扶贫、精确扶贫、开放扶贫、造血扶贫、生态扶贫等重要机制，促进区域合作与产业融合。

全面推进乡村振兴需要创新理念、探索路径，推进关键领域改革创新、协同联动。北京林业大学教授林震认为，要继续发扬《摆脱贫困》蕴含的自然价值观、生态振兴观、绿色繁荣观。

山东省习近平新时代中国特色社会主义思想研究中心研究员崔宝敏提出，要积极引导人才、资金、技术等生产要素在城乡之间合理流动，加快推动城市资源要素下乡进程，实现城乡要素双向融合互动和资源优化配置。

西南大学教授潘家恩提出，要以村落为平台、文化为底色、创意为引线，推进传统村落保护活化和产业发展，打造"人来、村活、业兴、文盛"新气象。

福建农林大学教授温铁军提出，要贯彻习近平总书记关于生态价值化实现的"全方位、全地域、全过程"思想，重点推进林区生态价值实现，着眼于将林区空间生态资源转化成可交易的资产，推进林区资源资本化，实现高质量效益型发展和可持续增长、包容性增长。

福建省委书记、福建省习近平新时代中国特色社会主义思想研究中心主任尹力在研讨会上表示，《摆脱贫困》是习近平总书记在地方工作时撰写的首部著作，习近平总书记关于脱贫攻坚的一系列重要论述，在《摆脱贫困》中都能找到理论源头和实践起点。要通过重温《摆脱贫困》这一光辉著作，深刻感悟其中蕴含的真理伟力和思想伟力，从中汲取智慧和力量，引领推动乡村振兴工作行稳致远。要坚持乡村振兴为农民而兴、乡村建设为农民而建，坚持滴水穿石、久久为功，书写好新时代农村幸福生活新答卷。

（《光明日报》2022年7月6日第1版）

《摆脱贫困》的思想内涵及时代价值

曹 立[*]

《摆脱贫困》一书中提出了许多重要思想观点，包含着丰富的政治智慧、理论营养、哲学内涵和经济思想，特别是其中关于加快发展、摆脱贫困的实践探索和理论创新，与习近平经济思想具有内在一致性，充分体现了习近平同志的政治立场和使命担当，具有重要的时代价值。

蕴含着丰富的以人民为中心的发展思想

福建宁德作为全国 18 个集中连片贫困区之一，是"老、少、边、岛、穷"的典型地区，一直以来，摆脱贫困、建设小康始终是闽东人民最迫切的愿望。《摆脱贫困》科学回答了扶贫开发"为了谁、依靠谁"的关键问题，即扶贫开发的出发点和落脚点只有一个，就是为了实现闽东地区广大人民群众摆脱贫困；最根本的依靠力量只有两个，一是党的领导，二是人民群众。书中指明了摆脱贫困的主体是人民群众，这体现了马克思主义的立场观点和方法，蕴含着以人民为中心的发展思想。

---

* 曹立：中央党校（国家行政学院）习近平新时代中国特色社会主义思想研究中心研究员，经济学部副主任、教授。

《摆脱贫困》深刻体现了习近平同志真挚深厚的为民情怀。1988年至1990年，时任中共宁德地委书记的习近平同志就把脱贫致富工作放在极其重要的位置，坚持走发展"大农业"的路子，大力倡导"滴水穿石"的精神、"弱鸟先飞"的意识、"四下基层"的工作作风，掀开了闽东人民向贫困宣战的新篇章，为改变闽东贫困面貌奠定了坚实基础。

《摆脱贫困》字里行间凝结着习近平同志对闽东人民的深沉大爱和共产党人的崇高追求。从摆脱贫困到全面小康路上一个不能少，从实施乡村振兴战略到促进全体人民共同富裕，习近平同志以人民为中心的发展思想一脉相承、一以贯之。

蕴含着丰富的中国特色社会主义经济思想

发展经济是脱贫攻坚的有效手段，坚持用发展的办法摆脱贫困，是按客观规律办事的重要体现。习近平同志在闽东工作虽只有两年，但始终扭住经济建设这个中心不放松、不懈怠。《摆脱贫困》多篇文章直接谈到经济发展问题，既有对整个闽东地区经济发展的思考，又有对畲族经济、闽东林业经济、大农业经济以及村级集体经济的思考。

没有发展，脱贫就是空谈。正如《同心同德　兴民兴邦——给宁德地直机关领导干部的临别赠言》一文指出的："经济是基础是中心"，"经济稳定发展是社会稳定、人心稳定、政治稳定的基础，我们要牢牢地抓好经济建设这个中心工作"。[①] 习近平同志提出，闽东的经济发展要正确处理六个关系，即长期目标和近期规划的关系、经济发展速度与经济效益的关系、资源开发与产业结构调整的关系、生产力区域布局中的山区与沿海的关系、改革开放与扶贫的关系、科技教育

[①] 习近平：《摆脱贫困》，福建人民出版社1992年版，第207页。

与经济发展的关系。

党的十八大以来,面对艰巨的发展任务,习近平总书记高度重视经济建设,成功驾驭了我国经济发展大局,在实践中形成了以新发展理念为主要内容的习近平经济思想。习近平总书记明确指出:"以经济建设为中心是兴国之要,发展仍是解决我国所有问题的关键。只有推动经济持续健康发展,才能筑牢国家繁荣富强、人民幸福安康、社会和谐稳定的物质基础。"[①] 习近平经济思想是习近平新时代中国特色社会主义思想的重要组成部分,是中国特色社会主义政治经济学最新发展成果,是指引新时代中国经济实现高质量发展的行动指南。

蕴含着丰富的马克思主义辩证法思想

习近平同志指出,"当前应该特别注意学好马克思主义哲学,因为马克思主义哲学是科学的世界观和方法论","学好哲学,掌握分析、解决问题的科学方法,能使我们在错综复杂的革命建设实践中不迷失方向"。[②]《摆脱贫困》蕴含着丰富的辩证唯物主义思想。

关于如何认识贫困、摆脱贫困,习近平同志提出了物质贫困、思想贫困和信念贫困三个概念,并对这三种贫困的辩证关系进行了系统论述,从而为摆脱贫困找到了思路和路径。"贫困"的首要含义是指物质财富的匮乏。闽东是革命老区,也是全国知名的贫困地区。习近平同志担任宁德地委书记后面临的首要问题就是如何发展经济,解决老百姓的温饱问题。在他看来,物质贫困并不可怕,可怕的是由于长期物质贫困而导致人们"头脑中的贫困",即精神贫困。对于精神贫困,习近平同志又具体区分了思想贫困和信念贫困。"思想贫困"是

[①] 中共中央文献研究室编《习近平关于协调推进"四个全面"战略布局论述摘编》,中央文献出版社2015年版,第26页。

[②] 习近平:《摆脱贫困》,福建人民出版社1992年版,第211页。

指缺乏认识问题、分析问题和解决问题的科学思想武器，因而缺乏摆脱物质贫困的有效思路和方法，导致要么安贫乐道穷自在，要么怨天尤人等靠要，而不是积极行动起来想办法找出路。"信念贫困"是指缺乏自信心和自尊心，缺乏行动的意义和价值目标，缺乏向上的志气和行动的勇气。物质贫困、思想贫困、信念贫困三者互为因果并相互强化，从这三种贫困的辩证关系入手，习近平同志提出摆脱物质贫困必先摆脱精神贫困，摆脱思想贫困必先摆脱信念贫困。习近平同志运用辩证唯物主义的方法论来看待减贫，指导减贫实践，找到"贫根"，对症下药，靶向治疗，做到了真扶贫、扶真贫。

党的十八大以来，习近平总书记强调，"实行扶贫和扶志扶智相结合，既富口袋也富脑袋，引导贫困群众依靠勤劳双手和顽强意志摆脱贫困、改变命运"[①]。新征程上，我们要充分认识共同富裕是人民群众物质生活和精神生活都富裕，抓好社会主义精神文明建设，为促进全体人民共同富裕提供强大精神力量。

（《光明日报》2022 年 7 月 12 日第 6 版）

[①] 习近平：《论把握新发展阶段、贯彻新发展理念、构建新发展格局》，中央文献出版社 2021 年版，第 519 页。

把巩固拓展脱贫攻坚成果这件大事抓紧抓好

张红宇[*]

习近平总书记强调，乡村振兴的前提是巩固脱贫攻坚成果，要持续抓紧抓好，让脱贫群众生活更上一层楼。要持续推动同乡村振兴战略有机衔接，确保不发生规模性返贫，切实维护和巩固脱贫攻坚战的伟大成就。

一

党的十八大以来，我国脱贫攻坚战取得全面胜利，完成了消除绝对贫困的艰巨任务。如何巩固来之不易的成果，是关系全局的重大问题。为此，党中央制定了一系列巩固拓展脱贫攻坚成果的决策部署。为防止出现贫困反弹，特别是出现规模性返贫现象，设定了五年过渡期，强调摘掉贫困帽子，但不摘政策，不摘帮扶，不摘责任，不摘监管。各地区各部门贯彻落实党中央决策部署，脱贫攻坚成果得到巩固拓展。但是，在不稳定性不确定性明显增强的外部环境下，面对需求收缩、供给冲击、预期转弱三重压力，巩固拓展脱贫攻坚成果，防止规模性返贫压力不小。解决了绝对贫困问题，相对贫困问题还会长期存在；脱贫政策向防返贫政策过渡，长效机制尚未完全成型；城乡区

---

[*] 张红宇：中国农业风险管理研究会会长，清华大学中国农村研究院副院长。

域差别客观存在，共同富裕基础需要筑牢。要充分认识到一些地方脱贫基础还比较弱，部分脱贫群众的返贫风险依然较高。必须防止精神松劲懈怠，防止政策急刹车，防止帮扶一撤了之，防止贫困反弹，保持清醒的头脑，守住底线，有所作为，努力实现巩固拓展脱贫攻坚成果与乡村振兴有效衔接。

要深刻领会以习近平同志为核心的党中央做出的重大决策、重大部署。全面建设社会主义现代化国家，实现中华民族伟大复兴，最艰巨最繁重的任务依然在农村，最广泛最深厚的基础依然在农村；全面实施乡村振兴战略的深度、广度、难度都不亚于脱贫攻坚。借鉴打赢脱贫攻坚战的成功经验和有效办法，今后须在两方面实现突破。一方面，持续推进脱贫地区的农民收入实现跨越式增长。通过推动城乡融合发展、振兴乡村产业等手段，确保脱贫地区农民收入增速快于国内生产总值增速、城镇居民收入增速和农民收入整体增速，不断提升脱贫地区农民群体的收入水平和生活质量。另一方面，从实现共同富裕的全局出发巩固拓展脱贫成果。我们完成了消除绝对贫困的艰巨任务，但解决发展不平衡不充分问题、缩小城乡区域发展差距、实现人的全面发展和全体人民共同富裕目标任重道远。脱贫攻坚取得胜利后全面推进乡村振兴，这是"三农"工作重心的历史性转移，也是新发展阶段的重要任务，必须抓好巩固拓展、转型转变的关键点，向共同富裕目标继续攀登。

二

巩固拓展脱贫攻坚成果，需要调整工作思路。绝对贫困具有阶段性、特殊性和区域性特征，而相对贫困则表现为长期性、普遍性和全面性等特点，建立巩固拓展脱贫攻坚成果、致力于持续发展的长效机制，要抓好产业、就业两个管长远的根本性问题。

首先是产业发展。巩固脱贫攻坚成果具有多元化路径选择，但最根本的还是产业发展。产业发展有四个重点：一是粮食产业。抓粮食安全不仅是粮食主产区的责任，也是包括脱贫地区在内的粮食主销区、产销平衡区的责任。脱贫地区也有粮食大县，要抓面积落实、产量增加；其他区域要抓供求平衡，自给率不断增长。二是特色产业。依靠资源优势，辅之外来技术、资本等，通过特色产业的发展，一方面富民、富县、富区域，巩固脱贫攻坚成果，另一方面可以满足广大城乡居民对农产品多元化的需求。三是新产业新业态。农业观光旅游作为典型的农业新产业，对巩固脱贫攻坚成果具有长效性；"互联网＋"作为典型的新业态，在脱贫地区有旺盛的生命力和持续的成长性。必须充分挖掘脱贫地区乡村产业的生态、文化等多元价值和多重功能，通过发展新产业、新业态，把好处留在乡村，留给农民。四是融合发展。致力于形成"一县一业""一村一品"的发展格局。从横向看，山水林田湖草沙七篇文章一起做，因地制宜，可以极大丰富农业产业内涵。从纵向看，一、二、三产业融合发展，延长产业链，提升价值链，保障供给链，完善利益链，拓展农业产业边界，能够让脱贫农民更多分享产业增值收益。

其次是充分就业。当前和今后一个时期，应聚焦三个方面工作，把实现脱贫地区劳动力充分就业作为重大任务来抓。一是实施乡村建设行动。以农村人居环境整治提升为抓手，加快传统基础设施提档升级，在改善乡村生产生活条件、优化就业环境的同时，挖掘乡村建设项目用工潜力，设置公益性岗位，增加就业机会，扩大就业容量。建立城乡公共资源均衡配置机制，强化农村基本公共服务供给县乡村统筹，提高农村公共服务供给有效性、精准性。二是在农业内部增强就业潜力。创造现代特色乡村产业发展条件，处理好产业发展与保障农业产业安全、农民就业增收的关系，营造宽松的产业发展环境。提高劳动力在农业内部就业容量，提高农业劳动生产率。三是在城乡融合发展中实现充分就业。坚定不移地推进工业化城镇化与农业现代化融合发展。在脱贫地区重点建设一批区域性和跨区域重大基础设施工程，完善西部地区国家乡村振兴重点帮扶县集中支持政策。通过完善东西部协作和对口支援、社会力量参与帮扶等机制，为脱贫地区发展提供外在驱动力。把县域作为城乡融合发展的重要切入点，壮大县域经济，承接产业转移，培育支柱产业，完善基础设施和公共服务，吸引脱贫人口到城镇就业、落户、生活，实现就地就近就业。为脱贫地区搭建用工信息平台，培育区域劳务品牌，加大脱贫人口有组织劳务输出力度。鼓励支持脱贫人口通过临时性、非全日制、季节性、弹性工作等方式实现充分就业，降低就业成本，提高就业效率。要帮助脱贫农民实现自我发展、内生发展，激发他们依靠双手勤劳致富的观念和行动。

（《光明日报》2022年7月12日第6版）

调查研究是干好各项工作的基础方法

王立胜[*]

调查研究是我们党的基本工作方法，也是我们党的优良传统和作风。毛泽东在江西寻乌进行社会调查时，创作了闪耀着唯实求真精神的经典之作《寻乌调查》，并提出"没有调查，没有发言权"的著名论断。在《反对本本主义》中，毛泽东也强调："我们需要时时了解社会情况，时时进行实际调查"[①]。党的十八大以来，以习近平同志为核心的党中央高度重视调查研究工作。习近平总书记强调："调查研究是谋事之基、成事之道。没有调查，就没有发言权，更没有决策权。研究、思考、确定全面深化改革的思路和重大举措，刻舟求剑不行，闭门造车不行，异想天开更不行，必须进行全面深入的调查研究。"[②] 这些重要论述，为我们改进工作作风，提高工作效率提供了根本遵循。

调查研究是谋事之基成事之道。习近平总书记高度重视调查研究，在工作中身体力行不断深入实际开展调查研究，为全党重视调研、深入调研、善于调研树立了光辉典范。1988年6月，习近平同志刚到宁德任职，就开展了广泛的调查研究，"我六月到闽东上任，七

---

[*] 王立胜：中国社会科学院习近平新时代中国特色社会主义思想研究中心特约研究员、哲学研究所党委书记。

[①] 《毛泽东选集》第1卷，人民出版社1991年版，第115页。

[②] 中共中央文献研究室编《习近平关于全面建成小康社会论述摘编》，中央文献出版社2016年版，第191页。

月初至八月初,偕同地区几位领导同志,走了闽东九个县,还顺带走了毗邻的浙南温州、苍南、乐清等地"①。也正是通过广泛的调查研究,习近平同志提出了闽东发展的具体思路,并针对区县乡的具体问题提出了具体发展思路。如在闽东发展思路上提出"弱鸟先飞",在发展耐力上提出"滴水穿石",在农业发展上提出"大农业"的路径,在经济发展着力点上提出闽东振兴在"林"的思路,在畲族经济发展上提出要"更开放些",指出闽东经济发展要处理好六个关系等,在调查分析第一手资料基础上为闽东发展提供了可行性方案。

在调查研究的基础上解决问题,谋划发展之路。调查是解决问题的基础,在调查研究的基础上解决问题,是我们谋划工作、科学决策的重要依据。习近平同志在宁德开展了广泛的调查研究后,对整个宁德地区的面貌有了深刻认识,认为宁德地区要想发展,首先要摒弃"等、靠、要"思想,解决思想贫困问题,要有"弱鸟先飞"的意识,发扬"滴水穿石"的精神,实现"弱鸟"先飞、快飞。1988年底,习近平同志在宁德县洪口乡调研中了解到整个洪口乡人口少,梯田面积大,粮食产量低,立即对县里提出要求,"洪口乡是新成立的一个乡,大家要全力支持,要派最强的干部去当书记和乡长",并对洪口乡的发展指明方向:"第一,洪口乡身处大山之中,造林自不必说,还要种一些经济作物,比如种茶、种果、栽竹子等;第二,这里水资源很丰富,应该勘察一下,看能不能建水库搞水力发电。"②洪口乡按照习近平同志的指示修建了水库水电站,既发电又吸收部分劳动力,还把洪口变成了一个旅游景点。

调查研究要沉下身子形成制度。习近平同志特别看重基层工作,在宁德任职期间,他做的第一件事就是扑下身子,到基层开展调研。那些一般人很少去的偏远山村,他都去调研走访。有的地方车子进不

---

① 习近平:《摆脱贫困》,福建人民出版社1992年版,第1页。
② 中央党校采访实录编辑室:《习近平在宁德》,中共中央党校出版社2020年版,第85页。

去，他就走路，走也要走进去了解群众的真实生活状况。调研中，他贴近群众，说老百姓听得懂的话，问老百姓最关切的问题。此外，习近平同志要求信访工作也要下基层，简单地说，就是变群众上访为领导干部主动下访。"四下基层"制度不仅是习近平同志倡导的良好工作作风的体现，更重要的是以这项制度为抓手，带动做好各乡镇的脱贫致富工作。那时候的农村，脱贫不容易，但返贫却很容易，要想确保脱贫成果，必须做到责任包干。习近平同志把信访工作放到突出位置，他到霞浦县做信访接待工作时，与群众面对面谈话，一天受理问题86件，当场解决十几件。为了强化信访工作，习近平同志研究制定了领导干部下基层接待群众来访制度，后来，每个月20日成为宁德领导干部接待群众来访的日子。习近平同志在"四下基层"中了解了宁德的基层面貌，也引导当地领导干部扑下身子走群众路线，全心全意为人民服务。

（《光明日报》2022年7月12日第6版）

脱贫与发展的有效路径

王小林[*]

《摆脱贫困》对于当前的乡村建设具有重要价值。从书中可以看出，全面推进乡村振兴，实现共同富裕目标，需要以益贫性经济增长、包容性社会发展构建乡村经济和社会繁荣的制度基础，以多维度精准治理补足乡村发展的短板，为2035年基本实现社会主义现代化奠定基础。

益贫性经济增长是脱贫攻坚和乡村建设的经济基础

益贫性经济增长强调经济增长给穷人带来的收入增长率快于社会平均增长率，这是补好发展短板，缩小发展差距，逐步实现共同富裕的必经之路。在《摆脱贫困》中，体现益贫性经济增长的理念主要包括：一是贫困地区具有"先飞"的意识和潜能。贫困地区要树立"先飞"意识，在具有比较优势的领域实现"先飞"，在脱贫攻坚中进一步形成"志智"双扶的精准扶贫措施，提升贫困地区和贫困人口的内生发展动力和能力。二是"弱鸟"必须走出一条因地制宜发展经济的路子。贫困地区确定本地区经济发展的路子，应从中央和省里的总体

---

[*] 王小林：上海（复旦大学）合作发展研究中心执行主任、教授，上海市习近平新时代中国特色社会主义思想研究中心研究员。

部署，从全局工作的大背景、大前提和本地区的实际情况来考虑。在发展路径上，注重农业和工业的现代化"两个轮子"一起转。三是贫困地区和基层干部要加强廉政治理，干部贪腐会破坏发展环境以及干部群众的发展意识。

在脱贫攻坚中，我国始终坚持并实现了贫困地区农民人均可支配收入增长幅度高于全国平均水平，即"弱鸟可以先飞"，贫困地区可以实现益贫性经济增长的目标。"弱鸟先飞"的理念，在当前仍具有鲜明的时代价值。在经济建设上，西部地区的乡村建设行动仍要坚持益贫性经济增长的理念，既要有先飞的决心，也要有先飞的行动和结果。一是基础设施作为先行资本投入，应以县域为基本单元，在县域实现互联互通、基本均等；二是结合全国产业布局优化、供应链安全、西部地区价值链提升、利益共享等理念，促进西部地区具有比较优势的产业优先快速发展；三是以数据要素、数字技术和数字平台为依托，推动西部地区生产性服务业蓬勃发展，为一、二、三产业赋予新动能，促进生产向服务延伸。

包容性社会发展是脱贫攻坚和乡村建设的社会基础

包容性社会发展是指贫困人口可以公平地获得教育、健康、社会保障等基本公共服务，让每个人都有人生出彩的机会，强调的是发展机会公平、发展能力的普遍获得，是可持续脱贫、乡村建设以及共同富裕的社会基础。

《摆脱贫困》体现了构建包容性社会的以下几层含义：一是科学认知贫困与教育的关系。《我们应怎样办好教育》一文对闽东贫穷与教育匮乏互为因果的"恶性循环"作出准确分析。越穷的地方越难办教育，但越穷的地方越需要办教育，越不办教育就越穷。二是贫困地区"教育先行"的战略定位。书中指出，"我们必须站在这样的战略高度上看问题，真正把教育摆在先行官的位置，努力实现教育、科技、经济相互支持、相互促进的良性循环"[1]。三是"三位一体"的教育体系，即把发展基础教育和发展职业技术教育、成人教育结合起来，使得教育适应闽东农村经济的发展。

党的十八大以来，习近平总书记关于构建包容性社会发展的理念，已经拓展到基本公共服务的主要领域，包括教育、医疗和社会保障等。在脱贫攻坚过程中，"三位一体"教育体系的教育理念，通过"教育脱贫一批"在全国得到贯彻落实，为可持续脱贫奠定了坚实的人才资本基础。

多维精准扶贫是消除绝对贫困的重要保障

坚持精准扶贫方略，用发展的办法消除贫困根源，是我国的一项伟大创举。精准扶贫的一些关键思想，在《摆脱贫困》中已有所体现。

首先，贫困的表现是多维度的，致贫的原因也是多方面的。《摆脱贫困》中多篇文章谈到对闽东贫困现状的认知，在对闽东的经济贫困作出深刻剖析后，习近平同志提出"教育是不是也'贫困'"之问，从而把对贫困的认知从单一物质维度拓展到了更多维度，这为"两不愁、三保障"多维度精准扶贫作出了理论准备。

其次，要为贫困地区"造血"，培育"内生能力"。如何培育"内生能力"？经济靠科技，科技靠人才，人才靠教育，按照这个逻辑，教育扶贫成为闽东摆脱贫困的重要抓手。在发展教育的基础上，扶贫政策又进一步丰富为发展生产、易地搬迁、生态补偿、发展教育、社会保障兜底"五个一批"的政策"组合拳"。多维度精准扶贫不仅提

---

[1] 习近平：《摆脱贫困》，福建人民出版社1992年版，第173—174页。

高了贫困人口的生产能力和就业增收能力，更提升了他们的教育和健康水平，为可持续脱贫奠定了坚实的人力资本基础。

(《光明日报》2022年7月12日第6版)

从摆脱贫困向共同富裕迈进

——宁德的实践和启示

福建省习近平新时代中国特色社会主义思想研究中心

宁德是习近平新时代中国特色社会主义思想的重要萌发地和实践地。习近平同志在宁德工作期间，面对闽东贫困落后的客观实际，围绕如何脱贫致富、加快发展这一主题，提出了弱鸟先飞、滴水穿石的思想，制定了因地制宜、久久为功的脱贫方针，掀开了闽东扶贫开发的崭新篇章，留下了极其宝贵的思想财富、理论财富和精神财富，持久浸润闽东大地，深深滋养闽东人民。

30多年来，宁德历届党委政府坚决扛起习近平同志赋予的"摆脱贫困"历史重任，一张蓝图绘到底，矢志不渝奔小康，累计脱贫77万多人、造福搬迁40.4万人，顺利摘掉"连片特困地区""国定贫困县""省定贫困乡镇""省级扶贫开发重点县"等一顶顶"帽子"，"一个不少、一户不落"迈进全面小康社会，书写了中国减贫奇迹的精彩宁德篇章。

脱贫之后，共富为先。在全面建设社会主义现代化国家新征程上，习近平总书记发表了一系列重要论述，深刻回答了"什么是共同富裕、为什么要推动共同富裕、怎样推动共同富裕"等重大问题，为扎实推动共同富裕提供了根本遵循。我们要全面深入学习贯彻习近平新时代中国特色社会主义思想，拿出只争朝夕的干劲，保持滴水穿石的韧劲，努力在推动高质量发展上迈出新步伐，在增进民生福祉上取得新进展，稳步朝着实现共同富裕的目标迈进，奋力谱写全面建设社会主义现代化国家宁德篇章。

从摆脱贫困迈进共同富裕，
必须坚持把党的全面领导贯穿始终

习近平同志在《摆脱贫困》一书中指出，"贫困地区的发展靠什么？千条万条，最根本的只有两条：一是党的领导；二是人民群众的力量"。历经百年奋斗，我们党领导带领全国各族人民取得了全面建成小康社会的伟大胜利，历史性地解决了困扰中华民族几千年的绝对贫困问题，充分展示了中国共产党领导的政治优势，充分彰显了中国特色社会主义的制度优势。尤其对宁德来说，30多年来特别是党的十八大以来，之所以能够从昔日的"老少边岛贫"地区蜕变成如今全省的新增长极，完全归功于习近平总书记的掌舵领航和党中央的坚强领导，归功于习近平同志在宁德工作时打下的决定性基础，也从一个区域充分印证了习近平新时代中国特色社会主义思想的真理伟力和实践伟力。

党的领导，是干好一切事情的关键。迈进共同富裕的时代征程，我们必须始终坚持把党的全面领导作为首要政治原则，把捍卫"两个确立"、做到"两个维护"作为根本政治要求，自觉传承习近平同志在宁德开创的系列重要理念、重大实践，全方位对标对表习近平总书记重要讲话重要指示精神，紧紧围绕"奋力谱写全面建设社会主义现代化国家的宁德篇章"这一时代使命，加快建设全球新能源新材料产业的核心区、现代化湾区经济的试验区、全国乡村振兴的样板区、绿色低碳宜业宜居的先行区，努力把习近平同志为宁德擘画的蓝图变成美好现实。

从摆脱贫困迈进共同富裕，
必须坚持走闽东特色乡村振兴之路

习近平总书记指出，"促进共同富裕，最艰巨最繁重的任务仍然在农村""脱贫攻坚胜利后不能掉头就走，要持续推进同乡村振兴战略有机衔接"。近年来，我们牢记习近平总书记"努力走出一条具有闽东特色的乡村振兴之路"的殷切嘱托，有机衔接脱贫攻坚在产业、生态、组织、文化、人才等方面的经验做法，创新推行驻村第一书记和乡村振兴指导员、科技特派员、金融助理员"一书记三大员"制度，探索开展"我在宁德有亩田"等系列活动，统筹推进"五个振兴"，不断把优质项目、人才资源、科技成果、现代理念导入农村。特别是把产业振兴摆在突出位置，突出抓好茶业、蔬菜、水果、中药材、食用菌、畜牧业、渔业、林竹花卉和乡村旅游"8+1"特色产业，加快构建"一县一业"的农业特色产业格局，进一步拓宽了群众增收渠道，筑牢了群众致富支撑。2021年，宁德"8+1"特色产业全产业链产值突破2000亿元，农村居民人均可支配收入突破2万元。

乡村振兴是实现共同富裕的关键一程、必经之路。迈进共同富裕的时代征程，必须把巩固脱贫攻坚成果同乡村振兴有效衔接摆在突出位置，立足闽东优势、做足特色文章，扎实推动一、二、三产融合发展、新技术新业态新模式融合创新、产业链供应链价值链融合壮大，滚动实施强村、富民、惠民"三个一批"项目，打造具有山海特质、时代特征和全国影响力的乡村振兴"宁德模式"，努力在闽东特色的乡村振兴之路上，迈出共同富裕的坚实步伐。

从摆脱贫困迈进共同富裕，
必须坚持高质量发展不动摇

习近平总书记强调，扎实推进共同富裕，必须把高质量发展落到实处，坚持在高质量发展中促进共同富裕。30多年来，我们遵照习近平同志当年提倡的"经济大合唱""农业、工业'两个轮子'一起转"等发展理念，聚精会神抓发展，一以贯之谋跨越，让闽东"弱鸟"的羽翼逐渐丰满。尤其10多年来，宁德全市上下始终牢记习近平同志"多抱几个金娃娃"的厚望期待，坚定不移抱好"金娃娃"、发展大产业，打造出锂电新能源、新能源汽车、不锈钢新材料和铜材料等四大主导产业集群，培育形成全球最大的锂电池和不锈钢两大生产基地，并推动产业链项目实现全域覆盖。在主导产业的强力带动下，这几年，宁德生产总值、规上工业增加值、财政收入等主要经济指标增幅持续领跑全省。2021年，全市生产总值达到3151亿元，总量在全省连超3位、晋升至全省第五，在全国连超12位、跨入全国百强行列，走出了一条高质量跨越式发展之路，为宁德实现整体脱贫、迈向共同富裕提供了有力支撑。

高质量发展是实现共同富裕的根本途径。迈进共同富裕的时代征程，必须立足新发展阶段，完整、准确、全面贯彻新发展理念，坚持走产业引领、山海联动的发展路子，深入实施科技创新驱动工程，扎实开展百亿龙头、千亿集群、万亿工业"百千万"行动，加速构筑全省海洋、绿色、旅游、数字经济的宁德板块，全力建设领航世界的锂电之都、全球最大的不锈钢基地、国内最具竞争优势的现代汽车城和铜产业基地，不断拓宽群众增收致富渠道，让现代化建设成果充分惠及全体人民。

从摆脱贫困迈进共同富裕，
必须坚持以人民为中心

  习近平总书记强调，扎实推进共同富裕，就是要坚持以人民为中心的发展思想，不断提高人民群众的获得感、幸福感、安全感。在宁德工作期间，习近平同志始终"把心贴近人民"，不仅带领广大干部群众毅然向贫困宣战，而且亲自倡导践行"四下基层"制度，足迹遍布闽东的山山水水，留下了披荆斩棘"三进下党"、迎风冒雨"三上毛家坪"等一段段佳话。30多年来，宁德历届党委、政府始终把人民放在心中最高位置，像抓经济建设一样抓民生保障，像落实发展指标一样落实民生任务，在解决人民群众急难愁盼问题中推进民生事业发展。特别是党的十八大以来，我们坚持每年将80%左右的财力投入民生领域，扎实推进教育、医疗、养老和城乡基础设施等领域补短板，认真抓好"十个十"等城市民生项目建设，实现义务教育发展基本均衡县全覆盖，每千常住人口医疗机构床位、老年人拥有床位分别提升到4.79张、38.5张，打造出"农村互助孝老食堂"等一批全国为民办实事的典型案例；全力攻坚海上养殖综合整治、中心城区水环境综合治理等历史遗留问题，生态环境质量持续位居全省前列，森林覆盖率达69.98%，成为我国大陆沿海最"绿"的城市，并一举创成全国文明城市，群众生活更有品质、更加幸福。

  不断改善民生，在共享发展中推进共同富裕，是社会主义的本质要求。迈进共同富裕的时代征程，必须坚持"民之所盼、政之所向"，把最广大人民的根本利益作为一切工作的根本出发点和落脚点，强化均等、普惠、便捷、可持续的理念，不断满足孩子在家门口"上得了学、上得好学"的需求、群众就地就近就医的需求、老年人多样化健康养老的需求，努力让群众在共建共享中实现共同富裕，过上更加幸福美好的生活。

从摆脱贫困迈进共同富裕，
必须坚持物质文明和精神文明"两手抓"

习近平总书记强调，共同富裕是全体人民共同富裕，是人民群众物质生活和精神生活都富裕。在宁德工作期间，习近平同志不仅带领广大干部群众致力摆脱物质上的贫困，还强调"我们切不可物质上脱贫了，精神上却愚昧了"，教导闽东人民"认识到自身的光彩""把闽东之光传播开去"。30多年来特别是党的十八大以来，我们坚持举旗帜、聚民心、育新人、兴文化、展形象，全面推进新时代文明实践中心建设，扎实推动文化事业蓬勃发展，不断满足人民群众精神文化生活需求。尤其是大力实施新思想溯源工程，不断深化对习近平同志在宁德工作期间开创的一系列重要理念、重大部署、宝贵经验的学习宣传、研究阐释，引导全市上下大力发扬"弱鸟先飞、滴水穿石"的闽东精神，知弱不甘弱、敢闯又敢拼，打赢了一场场硬仗大仗，创下了一个个"宁德速度"，赢得了社会各界的肯定支持和点赞喝彩。

精神文明是衡量共同富裕的重要标准。迈进共同富裕的时代征程，必须坚持物质文明和精神文明协调推进，扩大高品质文化产品和服务供给，满足人民群众多样化、多层次、多方面的精神文化需求，促进人民精神生活共同富裕。特别要大力传播"闽东之光"，不断增强"弱鸟先飞、滴水穿石"闽东精神的凝聚力、感召力，更好地激励全市人民在共同富裕道路上奋力前行。

（《福建日报》2022年7月5日，09版；署名：福建省习近平新时代中国特色社会主义思想研究中心；执笔：中共宁德市委）

不断从《摆脱贫困》中汲取智慧和力量

梁伟新[*]

今年是《摆脱贫困》一书出版 30 周年。《摆脱贫困》收录了习近平同志担任中共宁德地委书记期间自 1988 年 9 月至 1990 年 5 月的重要讲话和文章，生动展现了习近平同志团结带领闽东人民脱贫致富、加快发展的奋斗历程，集中反映了习近平同志在宁德工作期间的实践探索和理论创新，其中蕴含的重要理念、宝贵经验、优良作风，至今仍然深深浸润着闽东大地、激励着闽东人民。我们要把学习《摆脱贫困》这本著作与学思践悟习近平新时代中国特色社会主义思想有机结合起来，不断从中汲取智慧和力量，奋力谱写全面建设社会主义现代化国家的宁德篇章。

一、提高战略思维能力，努力在推动高质量发展上迈出新步伐

习近平同志在《摆脱贫困》一书中强调，"闽东是贫困地区，脱贫致富是闽东经济的整体战略"，"今后闽东的发展，不但需要艰苦奋斗的精神，更需要寻找适合闽东经济发展的道路，其指导思想我把它

---

[*] 梁伟新：中共宁德市委书记。

归结为'因地制宜、分类指导、量力而行、尽力而为、注重效益'"。① 这些话深刻回答了推进闽东地区经济社会发展的重大理论和实践问题,充分彰显了习近平同志对马克思主义立场观点方法的娴熟运用。我们要认真掌握贯穿其中的科学方法,进一步提高战略思维能力,不断增强工作的原则性、系统性、预见性、创造性,努力在推动高质量发展的轨道上行稳致远。

始终保持"弱鸟先飞"的追赶意识。在《弱鸟如何先飞——闽东九县调查随感》一文中,习近平同志指出,"目前很贫困的闽东确是一只'弱鸟'",但"弱鸟可望先飞,至贫可能先富",强调"对闽东,我是充满信心的,经过我们的不懈努力,我们一定可以创造'弱鸟'在许多领域先飞的奇迹"。② "弱鸟先飞"的思想告诉我们,要彻底改变宁德贫穷落后的面貌,必须摒弃"等靠要"思想,既要直面自身的不足,也要正确认识自身的优势,发扬艰苦奋斗精神,走出一条适合本地发展的"先飞之路""快飞之路"。事实证明,宁德遵照习近平同志嘱托,大力践行敢闯、敢试、敢为天下先的精神,聚焦摆脱贫困中心任务,充分发挥山海兼备优势,坚持"靠山吃山唱山歌、靠海吃海念海经",推动农业、工业两个轮子一起转,奏响了"经济大合唱",丰满了"弱鸟的羽翼",地区生产总值从1988年的20.1亿元增至2021年的3151亿元,一般公共预算总收入从1.5亿元增至265.8亿元,综合实力跃升至全省第5位,跨入全国百强城市行列,实现了从"老、少、边、岛、贫"地区到全省高质量发展新增长极的华丽蜕变。面向未来,我们要始终保持后发追赶的行动自觉,进一步解放思想、更新观念,努力在更多领域创造"先飞"的奇迹。

始终保持"滴水穿石"的战略定力。在《滴水穿石的启示》一文中,习近平同志指出,"在整个历史发展进程,在一个经济落后地区

---

① 习近平:《摆脱贫困》,福建人民出版社1992年版,第144、90—91页。
② 习近平:《摆脱贫困》,福建人民出版社1992年版,第1—2、9页。

发展进程，都应该不追慕自身的显赫，应寻求一点一滴的进取"[①]。"滴水穿石"强调的是，推动经济社会发展，等不得也急不得，必须有足够的信心、耐心和恒心，以"功成不必在我"的精神，一步一个脚印扎扎实实推动工作。宁德以锲而不舍、持之以恒的韧劲，把发展工业、做强产业作为重中之重，接连抱上了宁德时代、新能源科技、青拓集团、上汽集团、东南铜业等一批"金娃娃"，打造出全球最大的锂电池和不锈钢生产基地，走出了一条产业引领、山海联动的发展路子。面向未来，我们要坚持一张蓝图绘到底，一棒接着一棒干，把发展经济的着力点放在实体经济上，加快构建具有宁德特色的现代产业体系，不断提升宁德经济发展的质量和效益，为宁德加速崛起、跨越发展提供最坚实的基底。

始终保持"闽东之光"的自尊自信。在《闽东之光——闽东文化建设随想》一文中，习近平同志指出，"闽东的锦绣河山就是一种光彩。闽东的灿烂文化传统就是一种光彩。闽东人民的自强不息、艰苦奋斗、善良质朴的精神就是一种光彩"，谆谆教导闽东人"认识到自身的光彩，才有自信心、自尊心，才有蓬勃奋进的动力"，并嘱托"把闽东之光传播开去"。[②] 正是在"闽东之光"的激励下，宁德广大干部群众的思想更加解放、意志更加坚定、干劲更加充沛，汇聚起了"知我闽东、爱我闽东、建我闽东"的磅礴力量，推动全市生产总值增速连续3年、规模以上工业增加值和地方一般公共预算收入增速连续4年位居全省首位。面向未来，我们要始终坚持物质文明与精神文明一起抓，拿出"走前头、当先锋"的胆气魄力，以一往无前的信心决心，努力干出一批展示宁德现代化建设的标志性成果。

[①] 习近平：《摆脱贫困》，福建人民出版社1992年版，第57页。
[②] 习近平：《摆脱贫困》，福建人民出版社1992年版，第21—22、25页。

二、感悟真挚为民情怀，不断在增进民生福祉上取得新进展

《摆脱贫困》一书的字里行间凝结着习近平同志对闽东人民的深情厚爱，我们从中深刻感悟到习近平同志一以贯之的真挚为民情怀，始终把人民利益放在最高位置，把为人民谋幸福作为根本使命，不断满足人民群众对美好生活的向往。

真心服务人民。在《干部的基本功——密切联系人民群众》一文中，习近平同志指出："为群众办实事，要扎扎实实，坚持不懈，久久为功。人民群众是最实在的，他们不但要听你说得如何，更要看你做得如何。不光要听'唱功'，而且要看'做功'[①]。"这启示我们，只有深入群众，了解他们的需求和期盼，把好事实事办到群众的心坎上，才能得到老百姓发自内心的认可。宁德遵照习近平同志嘱托，注重为民办实事，各项民生事业取得了长足进步。特别是党的十八大以来，全市每年将80%左右财政支出投向民生领域，新增学位16.57万个、医疗床位8297张，"互助孝老食堂"模式成为全国农村公共服务的典型案例，人民群众的获得感、幸福感、安全感不断增强。让老百姓过上好日子，是我们一切工作的出发点和落脚点。我们要始终坚持以百姓之心为心，把人民安居乐业、安危冷暖放在心上，用心用情用力解决群众的急难愁盼问题，真正让人民群众看到变化、得到实惠。

牢牢植根人民。在《把心贴近人民——谈新形势下领导的信访工作》一文中，习近平同志指出，"坚持从群众中来，到群众中去，我们的工作就会越做越好，我们的事业就会兴旺发达"[②]。在《同心同德

[①] 习近平：《摆脱贫困》，福建人民出版社1992年版，第18页。
[②] 习近平：《摆脱贫困》，福建人民出版社1992年版，第63页。

兴民兴邦——给宁德地直机关领导干部的临别赠言》一文中，他强调，"'四下基层'已经形成风气"，"今后，要继续坚持下去，并注意在实践中不断完善，还要不断探索密切联系群众的新途径、新方法"。①"四下基层"是习近平同志留给宁德党员干部的"传家宝"，其核心是转变工作作风，密切联系群众。党员干部要从群众反映最强烈的问题抓起，从群众最不满意的地方走起，从群众最盼望的事情做起，真情实意解民忧、纾民怨、暖民心。宁德大力传承弘扬"四下基层"优良传统，深入践行党的群众路线，特别是扎实抓好信访这项送上门来的群众工作，不断健全完善领导干部公开接访、重点问题带案下访、上下联动入户走访、畅通渠道线上随访"四访"机制，推动信访总量、信访积案双下降，群众的获得感、满意度双提升。新征程上，我们要始终把心贴近人民，走好新形势下的群众路线，深化落实"四下基层"工作制度，带着感情、带着责任、带着任务、带着措施到基层，始终同人民群众想在一起、干在一起。

不断造福人民。在《从政杂谈》一文中，习近平同志深刻指出，"当官，当共产党的'官'，只有一个宗旨，就是造福于民"②；他还专门写了《为官一场 造福一方》的文章。这启示我们，要坚持把为民造福作为最大政绩，在持续做大做好蛋糕的基础上切好分好蛋糕，让发展成果更多更公平惠及全体人民。经过多年努力，宁德农村居民人均可支配收入从 1988 年的 492 元增至 2021 年的 21282 元，所有省级扶贫开发工作重点县、贫困村全部摘帽，所有建档立卡贫困人口全部脱贫，"一人不少、一户不落"迈进全面小康社会。现在，已经到了扎实推动共同富裕的历史阶段。我们要继续下大力气念好新时代的"山海经"，大力实施强村富民工程，促进城乡居民多方式创业就业、多渠道创收增收，持续巩固拓展脱贫攻坚成果，努力走出一条具有闽东

---

① 习近平：《摆脱贫困》，福建人民出版社 1992 年版，第 202—203、209 页。
② 习近平：《摆脱贫困》，福建人民出版社 1992 年版，第 38 页。

特色的乡村振兴之路，推动人民共同富裕取得更为明显的实质性进展。

三、锤炼自我革命意志，持续在巩固风清气正政治生态上实现新突破

《摆脱贫困》一书贯穿着习近平同志党要管党、从严治党的坚定立场和坚强决心。我们要从中不断汲取自我革命的精神力量和全面从严治党的思想精髓，不断推动全面从严治党向纵深发展，为新发展阶段宁德建设提供坚强政治保障。

弘扬行动至上作风。在《为官一场　造福一方》一文中，习近平同志指出，"我不主张多提口号，提倡行动至上"，强调"要像接力赛一样，一棒一棒接着干下去，脚踏实地干出成效来"。[①] 行动至上，体现了辩证唯物主义的实践观。空谈误国，实干兴邦。看准了目标，就要脚踏实地积极干，坚持不懈干下去。回顾这些年的发展，宁德之所以能够在全国文明城市创建、生态环境治理保护等方面取得明显成效，在上汽宁德基地、宁德时代福鼎基地等重大项目建设上取得重要进展，就是因为遵照习近平同志嘱托，坚持行动至上、真抓实干。全面建成小康社会，靠的是实干；全面建设社会主义现代化国家，同样要靠实干。今后无论形势如何变化，我们都要传承弘扬行动至上这一优良作风，只争朝夕、埋头苦干，努力干出宁德现代化建设新成效新气象。

建强一线核心力量。在《加强脱贫第一线的核心力量——建设好农村党组织》一文中，习近平同志针对当时少数农村"党组织的战斗堡垒作用不见了，党员的先锋模范作用不见了"的现状，强调，"农村改革越深化，党组织的核心地位越要强化；脱贫越深入，农村第一

---

① 习近平：《摆脱贫困》，福建人民出版社1992年版，第77页。

线党组织的力量越要增强"。① 党的基层组织是党的全部工作和战斗力的基础，只有把基层党组织建设成为坚强战斗堡垒，才能把基层工作抓牢、抓实、抓出成效。多年来，正因为宁德坚持把扶贫开发同基层党组织建设有机结合起来，把基层党组织建成了带领乡亲们脱贫致富的坚强领导核心，才能够凝聚起脱贫致富奔小康的强大力量。当前，我们面临着巩固拓展脱贫攻坚成果、全面推进乡村振兴的繁重任务，要坚持大抓基层的鲜明导向，常态化向乡村选派驻村第一书记和科技特派员、乡村振兴指导员、金融助理员，推动各领域基层党组织全面进步、全面过硬，成为实现全面加强党的领导的坚强战斗堡垒。

担好廉政建设使命。在《廉政建设是共产党人的历史使命》一文中，习近平同志深刻指出："我们党的宗旨和社会主义制度的本质，都决定了我们不能容忍腐败现象的滋生和蔓延。"② 良好的政治生态，是经济社会高质量发展的重要保障。政治生态好，人心就顺、正气就足；政治生态不好，就会人心涣散、弊病丛生。必须持之以恒正风肃纪，坚定不移惩治腐败，坚决反对形式主义、官僚主义，营造风清气正的良好政治生态。这些年，宁德遵照习近平同志嘱托，坚持以党的政治建设为统领，坚决以零容忍态度惩治腐败，纵深推进全面从严治党，党风政风焕然一新。踏上新的赶考之路，我们要始终保持反腐败永远在路上的政治清醒，始终坚持严的主基调不动摇，把不敢腐的强大震慑效能、不能腐的刚性制度约束、不想腐的思想教育优势融于一体、相得益彰，让行正道、扬正气、守正规在宁德大地蔚然成风。

（《求是》2022年第18期）

---

① 习近平：《摆脱贫困》，福建人民出版社1992年版，第160、162页。
② 习近平：《摆脱贫困》，福建人民出版社1992年版，第27页。

论文选编

实现共同富裕要注重发挥
双层经营体制"统"的功能

——学习《摆脱贫困》的点滴体会

徐祥临*

《摆脱贫困》一书1992年问世，主题是探讨当年闽东地区如何摆脱贫困落后面貌。习近平同志在书中表达的中国共产党人的立场、观点、方法，展现了20年之后即2012年党的十八大之后我国启动脱贫攻坚战的坚实思想基础。30年之后即2022年，我国已经赢得了脱贫攻坚战的彻底胜利，实现了全面建成小康社会的发展目标，迈上了实现共同富裕、中华民族伟大复兴的历史新征程。重读这部著作，其立场、观点、方法仍然熠熠生辉，继续指引着我们的前进方向。本文着眼于推动脱贫攻坚成果与乡村振兴有效衔接，实现共同富裕，谈谈学习本书关于发展集体经济重要论述的心得体会。

一、《摆脱贫困》关于发展农村集体经济的基本观点

1990年的闽东，在我国东南沿海地区经济社会发展水平相对滞后，主要表现是农业农村经济比重很大且分散落后。习近平同志在深入调研的基础上，为闽东地区指出了念好"山海经""发展大农业"的产业发展战略，同时他高度重视与发展大农业相匹配的农业农村经济制度建设，要求闽东地区要处理好农村大包干之后"统"与"分"

---

* 徐祥临：中央党校（国家行政学院）经济学部教授、中央党校三农问题研究中心副主任。

的关系，注重发展壮大集体经济实力。

通读《摆脱贫困》一书，有关发展农村集体经济的主要内容归纳如下。

一是对闽东农业农村经济发展面临的基本区情作出科学判断。《摆脱贫困》中写道："闽东，交通闭塞，信息短缺，是小农经济的一统天下。商品经济的发展较其他贫困地区，显得更为步履艰难。"靠"小农经济是富不起来的，小农业也是没有多大前途的"。但同时，闽东又是"念'山海经'、发展大农业的好地方"。[①] 寥寥数语，对闽东区情做出了科学判断，既阐明了闽东地区贫穷落后的根源，又展现了闽东农业发展的美好前景。

二是明确闽东农业农村经济发展的制约因素。坚持问题导向是习近平同志研究问题和推动工作的基本方法论。在深入农村基层调研和理性思考的基础上，习近平同志着眼于发展大农业，指出了闽东发展农村商品经济面临的制约因素，主要有：（1）农民与土地圈守一块，自给自足，备受自然经济束缚，难以投身到商品经济生活中来；（2）分散的、单个的农民家庭很难把握市场需求的变化；（3）统分结合双层经营体制中放松了"统"的功能，乡村两级集体经济实力出现了弱化现象，表现为集体经济实力总体水平不高、发展不平衡、收入渠道少。

三是分析集体经济实力薄弱的原因。主要是在指导思想上忽视了乡村集体经济实力积累和发展工作，没有把发展集体经济实力摆到应有的位置。具体表现在农村改革实践中，一些农村在实行家庭联产承包制时，没有很好地理解统一经营和"归大堆"的区别，放松了"统"这一方面，需要统的没有统起来，不该分的却分了，结果是原有的"大一统"变成了"分光吃净"，从一个极端跳到另一个极端。

四是提出解决问题的大思路。首先要端正对发展集体经济实力重要性的认识。有人认为，只要农民脱贫了，集体穷一点没有关系。针

[①] 习近平：《摆脱贫困》，福建人民出版社1992年版，第1—2、6、66页。

对这种认识,习近平同志指出:"不是没有关系,而是关系重大。"①因为,加强集体经济实力是坚持社会主义方向,实现共同致富的重要保证,是振兴贫困地区农业的必由之路,是促进农村商品经济发展的推动力,是农村精神文明建设的坚强后盾。习近平要求,发展集体经济实力,不能停留在口头上,要化为切切实实的行动。第一,"在指导思想上,必须确立'统'与'分'的辩证观";第二,"坚持因地制宜、分类指导的原则";第三,"积极探索发展农村集体经济实力的具体形式和路子";第四,"建立、健全积累与投入机制";第五,"实行优惠政策,为乡村两级集体经济实力发展创造良好的外部环境";第六,"加强领导,改善和强化农村经济组织,增强乡村集体经济发展的机能"。习近平同志还要求,"要以县为单位,制定乡村两级集体经济实力发展规划"。②

二、深刻认识"农村有中国特色的社会主义经营体制"的制度优势

习近平同志1988年6月到宁德地区工作。他作为地委书记,明确要求共产党员和共青团员,要牢固树立共产主义理想,坚持全心全意为人民服务宗旨。同时,他又坚定地领导和推动闽东地区大力发展商品经济,也就是1992年党的十四大之后明确的社会主义市场经济。所以,研读《摆脱贫困》一书,不难得出如下结论:习近平同志在宁德工作期间给每一位共产党员和共青团员提出了新的历史使命,也就是要在发展市场经济中践行共产党人的理想信念。可以说,这是改革开放以来直至今日共产党员尤其是领导干部都必须面对的新课题。回答

---

① 习近平:《摆脱贫困》,福建人民出版社1992年版,第193页。
② 习近平:《摆脱贫困》,福建人民出版社1992年版,第195—200页。

这个问题不能停留在书面和口头表态上面，必须有脚踏实地的实际行动。习近平同志要求发展集体经济实力，正是为包括他本人在内的所有在"三农"领域工作的共产党员尤其是领导干部提供了现实可行的行动方案。

改革开放之后历届中央领导集体都明确要求，现阶段中国共产党人坚守共产主义理想信念体现在树立中国特色社会主义共同理想上，落实在行动上，就是要把中国特色社会主义建设好。那么，具体到"三农"工作领域，中国特色社会主义体现在哪里？习近平同志在《摆脱贫困》一书中给出了明确答案：统分结合的双层经营体制就是"农村有中国特色的社会主义经营体制"[1]，能够促进共同富裕，体现了社会主义制度的本质特征。

但是，过去我们在讨论统分结合的双层经营体制制度优势时，往往片面注重它纠正"大锅饭"经营体制弊端的功能，也就是片面强调"分"的优势，而对于"统"的制度优势则认识不到位，甚至有的人把"统"作为人民公社体制残余对待，主张一分到底。这才导致农村改革中出现了习近平同志指出的"需要统的没有统起来，不该分的却分了"[2]问题普遍存在。严峻的现实给我们提出了必须回答的问题，那就是在市场经济体制下，如何认识"统"的制度优势。本文尝试进行初步探讨。

首先我们有必要重新明确什么是统分结合双层经营体制。

众所周知，党的十一届三中全会之后，我国改革开放从农村起步。农村改革最先取得的制度性成果就是推广安徽小岗村大包干经验，其实质是尊重农村集体经济组织（当时主要是指生产队）经营自主权，实行家庭联产承包责任制，农户成为与集体经济组织相对应的独立经营主体；利益分配基本格局是"交够国家的，留足集体的，剩

---

[1] 习近平：《摆脱贫困》，福建人民出版社1992年版，第182页。
[2] 习近平：《摆脱贫困》，福建人民出版社1992年版，第193页。

下是自己的"。这就是统分结合双层经营体制的由来，后来称为农村基本经营制度。

这项制度有三个要点：一是土地归农民集体所有；二是集体土地由农户承包经营；三是集体向农户提供统一经营服务。正是靠这一改革成果，我国长期被压抑的农业生产潜力挖掘出来了，具体说来就是，农民在生产队劳动中偷懒问题得到彻底解决，集体经营的土地产量都像自留地那样高，实现了农业生产快速增长，很快解决了农户温饱问题，也大大缓解了我国的市场供应短缺难题。

对于这一制度优势的认识，过去几十年，理论界和实际工作部门只注重了"分"，而没有关注"统"的优势是什么以及如何体现出来。但是，在农村改革与发展实践中，凡是能够坚持当年创立农村基本经营制度初心的农村，都比一味强调分而且分到农民认为承包地就是他家私有财产的农村好得多。比如，广东省清远市有个叶屋村（村民组），35个农户，900多亩农田。为了解决农户承包地分割细碎带来的土地撂荒和农户贫困问题，该村在村民组长带领下，经过2009年近一年的反复民主讨论，决定重新收取承包费，用于农田水利建设和农道建设，从2010年起就做到了农户承包地集中连片，不仅有效解决了土地撂荒和粗放经营问题，实现了适度规模经营，还解决了邻里矛盾，增加了集体积累，一举甩掉了省级贫困村帽子，跨入富裕村行列，促进了共同富裕。这类农村成功的道理是什么？

从"统"的角度看，农村基本经营制度优势可归纳出以下三点：

一是土地集体所有制赋予了农民尤其是新生代农民无偿获得土地的权利，切实保障了耕者有其田，即农民种田不受剥削。做到了农业领域的土地要素与劳动力要素的零成本结合。这是毛泽东同志领导的农业社会主义改造给农村留下的最伟大制度成果，农民不会再失去土地。这是"统"的制度根基。农民从集体获得土地，才会依靠集体、维护集体的愿望和行为。在叶屋村，自发改革前，一些老人户没有耕作能力却占有大量承包地，导致土地撂荒，而娶进媳妇添了孩子的农户土地却很少，劳动力闲置浪费。通过改革，他们重新按人平均分配土地，新增劳动力无偿获得了土地，农业生产积极性空前提高，不仅自家收入大幅度增加，还帮助老人户经营土地，形成了互利共富的喜人景象。

二是农业中土地的所有者、经营者、劳动者三者利益和谐统一。承包户作为集体成员，向作为土地所有者的集体上缴承包费，集体有了经济收入后用于为交纳承包费的农户服务，首先是改善生产经营条件，其次是改善生活。这样的农业经营制度是古今中外不曾有过的。土地的所有者与经营者分离，以承包费——其实就是经典经济学中的租金——确立两者之间的利益关系，说明农业领域的市场经济关系已经确立起来。但是，由于土地所有者是由承包土地的经营者们构成的，更重要的是，租金用于为交租金的经营者们提供统一经营服务，就彻底消除了土地私有制基础上的"地主—佃农"利益对立关系，经营者使用自家劳动力完成农事作业，也消除了"雇主—雇工"的利益对立关系。这种土地经营制度，既不同于土地私有制基础上的地主经济，也不同于资本主义租赁农场制经济，还不同于人民公社时期的集体经济，是基于农业社会主义改造建立起来的农村土地集体所有制，经过改革开放建立起来的农村社会主义市场经济体制。我们有理由说，它是世界上最先进的农业生产关系，为高效率利用农业资源，实现共同富裕奠定了坚实的制度基础。叶屋村正是靠集体发包土地收取承包费，既形成了整治农田农道的能力，为农户搞农业生产经营创造了有利条件，还积累了为集体成员提升福利水平的经济实力。

三是为现代乡村治理奠定社会主义经济基础。古代中国就十分重视乡村治理，其基本制度安排是官绅结合，以绅为主，通俗地说，中国传统乡村社会是地主说了算。土地集体所有制彻底消除了土地私有造成的两极分化，为土地权利人人平等奠定了制度基础。这是我国农村社会主义制度的底色。在这个基础上，集体的土地资源如何发挥出更大效能，如何给集体和集体成员带来更多的收益，要通过集体成员民主协商进行决策。叶屋村自发进行改革，是经过反复民主讨论的，让所有农户认真讨论集体土地是否发包，如何发包，发包给谁，承包费是多少及如何收取，承包费形成集体收益后如何使用，等等。在这个过程中，农民之间不会仅仅讨论土地问题，还要讨论村庄整治、伦理道德、邻里关系、教育、文化、卫生、生态等诸多事务，制定乡规民约，等等。所以，巩固和完善农村基本经营制度，也是实现乡村有效治理的过程。

综上所述，统分结合双层经营体制确如习近平同志所论，是有中国特色的社会主义农业经营体制。其主要制度优势不仅仅是"分"，更主要的是体现在"统"上面。可以说，只讲"分"，只能分出个低水平、无序竞争的市场经济，还不是社会主义，只有"统"才体现社会主义的本质特征，"统分结合"才是中国特色的社会主义市场经济体制。

三、发挥"统"的优势要勇于破除私有化错误观念，增加集体积累

习近平总书记在2017年底召开的中央农村工作会议讲话中指出："农村基本经营制度是乡村振兴的制度基础。"① 可见，统分结合双层经营体制在今后巩固脱贫攻坚成果，实现共同富裕历史进程中仍然是最重要的制度安排。但是实事求是地说，缺乏统一服务功能的农村集体至今还普遍存在，如何把"统"的制度优势发挥出来，是实施乡村振兴战略不容回避的时代课题。党的十九大之后两个月召开了中央农村工作会议，习近平总书记在会上指出："改革是乡村振兴的重要法

---

① 中共中央党史和文献研究院编《习近平关于"三农"工作论述摘编》，中央文献出版社2019年版，第60页。

宝。要解放思想,逢山开路、遇河架桥,破除体制机制弊端,突破利益固化藩篱,让农村资源要素活化起来,让广大农民积极性和创造性迸发出来,让全社会支农助农兴农力量汇聚起来。"① 只讲"分",忽视"统",集体经济薄弱,就存在体制机制弊端。对照十八大以来习近平总书记有关"三农"工作重要论述,重温30年前问世的《摆脱贫困》,必须增强把农村改革思想统一到习近平中国特色社会主义思想上来的紧迫感。要发挥双层经营"统"的优势,必须在以下几个方面突破固有观念及相应的体制机制。

(一)消除土地私有化迷信,旗帜鲜明地坚持土地集体所有制

农村集体经济实力普遍薄弱,与过去的一些农村改革举措不利于集体经济巩固和发展关系极大。1987年,贵州省湄潭县在某些专家指导下,搞"增人不增地,减人不减地"农村改革试验。其目标很明确,就是把承包地固定到现有承包户,永远不再调整,今后土地如何经营乃至于是否流转、撂荒,都完全由承包户自行决定,与发包土地的集体不再发生关系,等于集体事实上不存在了。按照这个经验,农户错误地认为土地就是私有了。从事后披露出来的相关文献看,试验的主导者把其归咎于土地集体所有制产权不清晰,片面地认为搞市场经济就要彻底改革这种制度,把土地产权清晰地固定给农户。湄潭经验推广后,农村再讲发展壮大集体经济,主要是靠我们党在政治上对农村的领导权,土地集体所有制已经很难发挥作用。今后在乡村振兴过程中发展集体经济实力,必须从理论到政策来一个正本清源,旗帜鲜明地反对土地私有化理论观点和政策措施。

习近平总书记指出:"我多次强调,农村改革不论怎么改,不能

---

① 中共中央党史和文献研究院编《习近平关于"三农"工作论述摘编》,中央文献出版社2019年版,第16页。

把农村土地集体所有制改垮了,……底线必须坚守,决不能犯颠覆性错误。"① 所以,有关领导干部和学者应对照习近平总书记的重要指示,认真反思一下对农村土地集体所有制的认识是否端正,是否认识到了经过农业社会主义改造建立的土地集体所有制在市场经济体制下的独特制度优势,是否敢于正视"增人不增地,减人不减地"政策造成的种种弊端。

(二)"保持土地承包关系长期稳定并长久不变"是完善双层经营体制的政策基础

习近平总书记2016年视察安徽小岗村时指出,农村改革的主线是处理好农民与土地的关系。如何处理?土地集体所有制基础上的双层经营体制就是最佳处理方式。习近平总书记在2017年底召开的中央农村工作会议讲话中指出,农村基本经营制度是我们党在农村的最大政策。为此,党的十九大报告要求"保持土地承包关系稳定并长久不变,第二轮承包到期后再延长三十年"。

那么,如何理解长久不变的"关系"?回顾党的十一届三中全会之后的农村改革历程就不难明白,十九大报告中所讲的"关系"是指生产关系,也就是像当年推广小岗村大包干经验那样,是为了调整不适合生产力发展客观要求的农业生产关系,促进生产力发展。如果承包户手中的承包面积乃至承包地块长久不变,必然产生一些农户因为人口老化或就业选择等多种原因不能或不想耕作土地现象,造成耕地撂荒和粗放经营。众所周知,这一现象已经在全国各地农村普遍出现。而且,这样僵化地理解党中央的政策,直接损害了农村新媳妇和媳妇生的孩子的利益,导致这个代表农村未来希望的群体对土地和集

---

① 中共中央党史和文献研究院编《习近平关于"三农"工作论述摘编》,中央文献出版社2019年版,第63页。

体不再拥有基于利益的亲和力，村庄自然而然就失去了长久发展的活力，工业化和城镇化进程更是对媳妇和孩子脱离农村脱离集体起到了催化剂的作用。

所以，土地承包关系长久不变，应该是指土地集体所有制长久不变，集体土地由农户承包经营长久不变，集体向农户提供统一经营服务长久不变。否则，让农户把"长久不变"理解成土地私人所有，土地撂荒集体也无权干涉，农村改革就犯了颠覆性错误，走上了改旗易帜的邪路。当年党中央支持小岗村搞大包干并推广其经验，正如邓小平所说，是尊重生产队经营自主权，让生产队具体地解决自己的实际问题。今后还是要像当年邓小平要求的那样，"一个生产队，也应该解放思想，开动脑筋，解决本生产队的具体问题"。所以，如何巩固和完善双层经营体制，发挥"统"的功能，应该由农村集体经济组织在党的领导下，走群众路线，由干部群众民主讨论决定。

（三）科学区分"集体提留"与"农民负担"，让土地集体所有权在经济上得以实现，为发展集体经济实力和农民走共同富裕道路提供物质保障

土地的位置是不可移动的。土地归谁所有，一方面要看国家法律规定由谁支配使用，另一方面更为重要的是，要看土地产生的收益如地价或租金归谁占有使用，也叫土地所有权的经济实现形式。

自农村实行家庭联产承包责任制直至2005年，农户都要按照"留足集体的"承包制约定，每年向集体交纳土地承包费，体现了集体的土地所有者权能，表明在法权关系上没有改变土地的集体所有制性质。但是，从2006年起，农村完成了税费改革。为了减轻农民负担，从国家政策层面取消了农地承包户的农业税和"三提五统"，农户不再因承包集体土地而交纳各种费用。不仅如此，国家征用农业用地的补偿款和承包地流转租金在大多数地方也完全归承包户占有。这样，

集体土地所有权就失去了经济上的实现形式，集体也就随之失去了所有者权能。

面对农村集体经济窘境，我们应该反思，如何区分集体提留与农民负担的关系。从当年实行家庭联产承包责任制初衷来看，农户向集体上交"三提五统"费用，是为了集体拥有为农户提供统一经营服务能力。但由于当时国家还没有结束计划经济时期形成的"工业剥夺农业、城市剥夺农村"政策，各级财政向农村的投入很少，无法覆盖农村公共产品和公共服务的供给，只能挪用"三提五统"来解决经费不足问题，乃至于出现了"城市教育国家办，农村教育农民办"等一系列奇怪现象，让集体提留蜕变成农民负担。农村税费改革后，少量农村像前述广东省叶屋村那样，农民集体自主决策向土地承包户收取承包费，用于为农户提供统一经营服务，才恢复了集体提留的本来面目，形成了土地所有者、经营者、劳动者三者利益和谐统一的新型农业生产关系。

习近平同志在《摆脱贫困》一书中对集体提留高度重视并寄予厚望。他写道："在积累方面，首先要完善土地承包责任制，逐步推行土地有偿承包，使各项集体提留，真正落到实处；其次，要完善专业承包办法，逐步解决承包费过低，集体收入下降的问题；再次，要完善集体企业各项承包指标，逐步实行集体承包或全员风险抵押承包；第四，要推行全方位提留，凡从事林、牧、副、渔、工商、建、运、服务各业的个体农民，应按照纯收入的情况，确定合理提留的比例，向集体交纳一定数额的资金作为公共积累；第五，充分发挥劳动力丰富的优势，增加劳动积累。总之，应通过发展各业生产和各类服务，积极开拓积累途径。"[1]

习近平还高度重视集体积累的科学管理和合理使用问题。他写道："要搞好农业集体经济的公共积累，则要注意正确处理四个'软

---

[1] 习近平：《摆脱贫困》，福建人民出版社1992年版，第198页。

件'：一是要使农村干部和群众真正懂得，扩大公共积累不仅不会改变以家庭经营为基础的政策，而且有利于家庭经营的进一步发展，从而使他们自觉地关心农村合作经济的发展和公共积累的壮大。二是要完善集体经济组织。否则，扩大经济积累就难以顺利实现，原有的一些积累也可能会被破坏掉。三是要划清合理提留和强制摊派的界限。在尊重农民合法权益的前提下，搞好提留，防止资金流失。四是要管好用活公共积累。要把积累用在帮助农户解决农业生产中紧迫性问题上，用在办农民迫切要求办的公共福利事业上。要严格财务制度，取信于民，坚决杜绝少数人侵吞公共积累的现象"[①]。

习近平同志之所以高度重视集体提留形成集体积累，是因为他认为，社会主义制度本身要求建立以公有制为基础的经济。集体经济是农民走共同富裕道路的物质保障，不仅可以为农户提供各种服务，还可以发挥调节作用，某些方面个人收入过高时，可适当增加集体提留，防止收入差距过大；当部分农民靠诚实劳动仍无法脱贫时，可以凭借集体经济实力对其实行物质上的扶持。

结束语 建议与展望

在2021年底召开的中央农村工作会议之前，中央政治局常委会讨论"三农"工作，习近平总书记指出，为了推动脱贫攻坚与乡村振兴有效衔接，切实维护和巩固脱贫攻坚伟大成果，"三农"工作领域的领导干部要抓紧提高"三农"工作本领。这可谓是振聋发聩。本文建议所有从事"三农"工作的领导干部，把《摆脱贫困》一书作为破解"三农"工作难题的经典来读，尤其要对照书中有关双层经营体制"统"与"分"辩证关系的深刻论述，扪心自问：是否真正认同？是

[①] 习近平：《摆脱贫困》，福建人民出版社1992年版，第199页。

否为发展集体经济实力真抓实干了？干得怎么样？在这个基础上，"三农"领域的领导干部和相关理论工作者，有必要以参加伟大斗争的姿态来一场"三农"领域的自我革命，主要是排除土地私有化论调对农村改革发展的干扰，坚决纠正只讲"分"不讲"统"的片面性改革错误。

我们有理由相信，一旦"三农"领域领导干部的思想真正统一到习近平总书记关于"三农"工作的重要论述上来，尤其是每年数以万亿元计的财政涉农资金用于扶持发展壮大农村集体经济，把统分结合双层经营体制的制度优势充分发挥出来，让亿万农户在发展个体经济的过程中得到集体经济的强有力支撑，同时也为集体经济的发展壮大贡献力量，那么，农村必将彻底摆脱贫困，共同富裕的发展道路越走越宽广。

中国式现代化视野下的乡村振兴之路：
历史演进与实践探索

苑 鹏[*]

中国是一个农业大国，实现社会主义现代化最艰巨最繁重的任务和最广泛最深厚的基础都是在农村，党的十九大报告作出实施乡村振兴战略的重大战略部署，这是习近平新时代中国特色社会主义思想对马克思主义政治经济学的原创性贡献，为拓展发展中国家走向现代化的途径，提供了中国智慧和中国方案。

一、改革开放之前的中国农业农村现代化道路的历史演进

小规模家庭经营是中国农业的本源性制度。自战国以后，中国逐步发展出精耕细作的小农制度，农业的基本生产经营形式始终是以一家一户为单位，农业和家庭副业相结合，以自给自足为目的，这一体制延续了 2000 多年。

自 15 世纪开通海陆交通后，中国全盘纳入到世界经济秩序，曾跃为世界最繁荣的地区。然而自鸦片战争中国被西方列强侵略、纳入以西方资本主义为中心的世界经济新体系后，陷入内忧外患、积贫积弱的黑暗境地，开始走上被动式的应变性现代化道路。农业发展出现无增长的"内卷化"，传统乡土社会解体，地主阶级主宰了农村的经济

---

[*] 苑鹏：中国社会科学院农村发展研究所副所长，研究员。

与政治。

中国共产党成立后，以毛泽东为主要代表的中国共产党人将马克思主义的普遍真理与中国具体实际相结合，坚持探索"走自己的路"，带领广大农民"打土豪、分田地"，走农村包围城市、武装夺取政权的革命道路，最终推翻封建专制统治，建立了新中国。但1949年的中国人均占有粮食只有209公斤，文盲率约80%，人口预期寿命仅为35岁，"一穷二白"、百废待兴。

新中国建立后，中国共产党实行耕者有其田的土地改革、全面确立了土地小农所有制。20世纪50年代，党中央根据过渡时期总路线提出的逐步实现社会主义工业化的总目标，先后全面实施农产品统购统销制度、人口户籍管理制度，以及人民公社体制，确保国家拥有强大的资源调配能力，保障工业化的原始积累来源，顺利推进工业化进程。到20世纪70年代末，新中国建立起了较为完整的现代工业体系。但这种以工业化为导向的一元化的现代化发展道路，造成工农业严重的不均衡增长，城乡关系和工农关系严重扭曲，城乡二元结构矛盾突出。1978年，中国的工业和农业总产值分别约是1952年的12倍和3倍，农业人口占总人口比例高达84.2%，农业劳动力仍占总就业劳动力的70%，城市化率仅有17.9%。

二、改革开放以来不懈探索中国特色的新型农业现代化道路

改革开放后，1979年邓小平同志提出"中国式的现代化"，强调社会主义必须摆脱贫穷，贫穷不是社会主义，建设中国特色的社会主义，必须从中国的实际出发，看到中国底子薄、人口多耕地少的两个重要特点，实现四个现代化，首先解决农村问题。他构想了中国现代化发展的"三步走"战略，首先摆脱贫穷落后状态，到20世纪末达到小康水平，到21世纪中叶达到中等发达国家的水平，后被写入了党的

十三大报告。

1997年江泽民同志在党的十五大报告中续写了"三步走"战略。新世纪后，随着中国进入工业化中期向后期的过渡阶段，胡锦涛总书记在2003年中央农村工作会议上首次指出，必须把解决好"三农"问题作为全党工作的重中之重。2007年党的十七大报告提出走中国特色农业现代化道路，建立以工促农、以城带乡长效机制，形成城乡经济社会发展一体化新格局。2012年党的十八大报告提出坚持走中国特色新型农业现代化道路，形成以工促农、以城带乡、工农互惠、城乡一体的新型工农、城乡关系。

三、党的十九大以来推动乡村全面振兴，推进农业农村现代化

乡村兴则国家兴，乡村衰则国家衰。党的十八大以来，以习近平同志为核心的党中央继续坚持把解决好"三农"问题作为全党工作重中之重。习近平总书记在党的十九大报告中作出了中国特色社会主义进入了新时代，中国社会的主要矛盾已经转化为人民日益增长的美好生活需要和不平衡不充分的发展之间的矛盾的历史重大判断，并提出全面实施乡村振兴战略，加快推进农业农村现代化。

（一）习近平新时代中国特色社会主义思想是走中国特色乡村振兴之路的行动指南

2021年，中国农业在国内生产总值中的比重降到7.3%，常住人口城镇化率超过64%，城镇化之势不可逆转。针对社会上存在的对实施乡村振兴战略的困惑乃至怀疑，习近平总书记在2020年12月中央农村工作会议上强调指出，"我们要坚持用大历史观来看待农业、农

村、农民问题","城乡发展不平衡、农村发展不充分仍是社会主要矛盾的集中体现",要"坚持把解决好'三农'问题作为全党工作的重中之重",举全党全社会之力推动乡村振兴,加快农业农村现代化。①

(二)树立大食物观,牢牢守住"粮食安全"主动权

习近平总书记提出粮食安全是"国之大者",实施乡村振兴战略,必须把确保重要农产品特别是粮食供给作为首要任务,主产区、主销区、产销平衡区要饭碗一起端、责任一起扛。同时他也指出,解决吃饭问题不能光盯着有限的耕地,要树立大食物观,要从更好满足人民美好生活需要出发,掌握人民群众食物结构变化趋势,在确保粮食供给的同时,保障肉类、蔬菜、水果、水产品等各类食物有效供给,缺了哪样也不行。

因此,落实粮食安全应在坚持国家总体安全观的前提下,立足当地的资源禀赋优势,尊重居民食物消费的传统习惯和不断升级的新变化、新要求,守住耕地红线,强化科技支撑,确保种源自主可控,全面提升粮食和重要农产品综合生产能力;同时鼓励市场主体开发各类食物资源、丰富食物品种、保障食物供求均衡,以更好满足人民群众多元化多样化的食物消费需求。

(三)以县域为重要切入点,分区、分类推动乡村振兴

针对当前发展最大的不平衡是城乡不平衡的突出短板,习近平总书记在2020年中央农村工作会议上提出要把县域作为城乡融合发展的重要切入点。

---

① 习近平:《坚持把解决好"三农"问题作为全党工作重中之重 举全党全社会之力推动乡村振兴》,《求是》2022年第7期。

中国幅员辽阔，县域的区位条件、资源环境、经济社会发展基础等差异大，当前中国的县域经济发展大体形成了大中城市辐射的城镇化区域、大宗农产品生产为主的传统农区和纳入国家生态保护功能区等三大类地区。以县域为载体推动乡村振兴，应从当地的实际出发，分类、分层次扎实推进。在工业化、城镇化相对发达的县域，应加快建设县域现代产业体系，率先实现县域经济高质量发展；在粮食和重要农产品产区的县域，应不断加速现代科技和信息化应用水平，提高农产品综合生产能力，大力发展产地农产品加工业，完善"公司＋合作社＋农户"等多种利益联结模式，促进农民就地就业，让初级农产品生产者分享农产品增值的收益；在国家生态功能区的县域，应以绿色发展引领乡村振兴，促进"绿水青山"转化成"金山银山"，大力发展旅游、休养、特色品牌农业，形成具有地方特色的新产业和新业态，并加大当地人力资本的培训力度，促进农村劳动力非农化转移，巩固脱贫攻坚成果，不断改善农民生活水平，缩小城乡差距。

（四）加快小农户与现代农业发展的有机衔接

小农户经营将在中国社会中长期存在，这是中国式现代化发展的基本前提条件。中国社会科学院重大经济社会调查项目"中国乡村振兴综合调查"2020年对10省50县3833农户问卷调查发现，当前留在农村的小农户有三大突出特点：一是老龄化程度严重，务农样本平均超过50岁，60岁及以上占比达到20.04%，远远高于全国平均水平；二是人力资本水平不高，样本劳动力以初中教育程度占主体，手机仅用于接打电话的群体中，初中以下受教育程度者占90.19%；三是小规模经营仍是主流形式，样本农户户均承包土地10.58亩，户均经营耕地21.41亩，种粮农户普遍不赚钱。

党的十九大报告中首次提出实现小农户与现代农业发展的有机衔接，应继续加速小农户的非农化转移、城镇化进程，同时加快培育各类农业社会化服务组织，有效发挥其劳动分工的规模效应、对农户劳动力的替代效应，以及采纳先进科技的技术效应，提高农业全要素生产率，促进农业高质量发展。

（五）落实新发展理念、构建党领导下的乡村"三治"融合治理机制

理念是行动的先导，以新发展理念统领发展全局，是中国式现代化一次新的发展观的革命。党的十九大报告提出构建自治、法治、德治相结合的乡村治理机制，为贯彻新发展理念，落实以人民为中心的发展思想，促进农民的全面发展提供重要的动力机制和组织保障。

应不断强化农民对社会主义核心价值观的认同感，弘扬勤劳节俭、敬老爱家、与自然和谐共处的优秀农耕文化，培育农民独立、平等、民主的现代政治意识，践行发展为了人民、发展依靠人民、发展成果由人民共享理念，全面提升农民的获得感、幸福感和安全感，缩小城乡居民收入差距，扎实推进农业农村共同富裕。

从《摆脱贫困》到实施乡村振兴

——习近平同志关于福建扶贫与乡村振兴论述的深远影响

徐进功　叶兴建[*]

一、习近平总书记关于福建扶贫与乡村振兴论述的生动实践

习近平总书记关于福建扶贫开发和乡村振兴论述，为福建社会经济发展提供了根本遵循。福建干部群众发扬滴水穿石、久久为功精神，不断推进扶贫开发和乡村振兴事业，社会经济获得全面发展。

（一）培育、壮大特色产业

宁德市各级政府以"大农业"思路为指导，发挥本地资源优势，大念"山海经"，大抓"山海田"，调整农业内部生产结构，在保证粮食稳定增长的前提下，扩大经济作物生产，大搞综合经营，从原来只盯住200多万亩耕地，扩大到广阔的山场、滩涂、浅海等领域，实现农林牧副渔全面发展。宁德市突出做强做优做大茶叶、蔬菜、水果、中药材、食用菌、畜牧业、渔业、林竹花卉和乡村旅游"8+1"特色产业，着力构建"一县一业""一村一品"的农业特色产业格局。在

---

[*] 徐进功：厦门大学党委副书记，厦门大学马克思主义学院院长，教授。叶兴建：厦门大学马克思主义学院副教授。

"南国葡萄之乡"福安,葡萄园绵延如海,葡萄产区遍布该市13个乡镇129个村庄,建成全省栽培面积最大、产量最高、效益最好的葡萄生产基地。"中国食用菌之都"古田,通过"公司＋合作社＋农户"经营模式,引进培育精深加工龙头企业,开发食用菌上下游产业链产品,"县域工厂化"渐入佳境。2017年,宁德市茶园面积104.73万亩,茶叶产量10.42万吨,毛茶产值35.44亿元;拥有各类茶叶生产经营主体约3000家,市级以上农业产业化龙头企业125家。福安、福鼎、寿宁、周宁、蕉城入选全国重点产茶县,福安、寿宁入选全国十大生态产茶县。全省26个第三轮现代茶业生产发展资金项目县,宁德市占据8席。宁德全市三分之一人口、70%的农户从事茶叶生产及相关产业。在培育特色种、养业过程中,宁德市注重品牌效应,打造了10多个农产品"全国之乡"品牌和50多个国家地理标志保护产品,著名的如古田食用菌、福鼎白茶、福安葡萄、柘荣太子参、霞浦水产品等。特色产业的发展拓宽了群众增收渠道,筑牢了群众脱贫致富基础。据统计,2018年,宁德八大特色农业产业实现全产业链产值1377.81亿元,占全市乡村特色产业全产业链产值的93.1%。全市农民50%以上的收入、贫困户60%以上的收入来自农业特色产业。

漳州市充分发挥山多、林多、水多的自然条件和区位优势,因地制宜,推进形成"一县一业""一村一品"产业格局,带动贫困人口增收致富。平和、诏安、云霄、华安、南靖以生态农业和绿色农业为重点,着力建成一批水果、茶叶、食用菌、中药材等特色优势产业带,鼓励贫困山区,发挥特殊气候资源优势,发展"小而精"的高山蔬菜、特菜产业,增加收入。如云霄县枇杷面积约6万亩,总产量约3.5万吨,枇杷全产业链总产值约10亿元,杨桃种植面积1.2万亩,年产量3.6万吨,年产值1.8亿元。该县引导贫困户发展设施农业、特色种植业、休闲农业,提升农产品附加值,加快脱贫致富步伐;大力培育发展农业产业品牌,提升品牌的美誉度,带动周边群众发展产业积极性。

三明市着力培育壮大种业、水果、食用菌、茶叶等特色农业产业，带动贫困户发展种植业、养殖业、旅游业等项目，形成建宁"五子"（莲子、种子、桃子、梨子、无患子）、沙县小吃、宁化小吃等一批特色扶贫产业，基本做到有劳动能力的贫困户都有1个以上的增收项目。"十三五"时期，全市共投入产业扶贫资金6.28亿元，实施扶贫产业项目8637个，覆盖贫困户25501户次78251人次；1983名贫困户通过小吃创业实现脱贫。

到2017年，福建省茶叶、蔬菜、水果、畜禽、水产、林竹、花卉苗木7大优势特色产业全产业链产值超过1.1万亿元，蔬菜、水果、畜禽、水产、林竹等五大产业产值跨越千亿元大关，农产品出口91.2亿美元，居全国第三位。2020年，全省茶叶、蔬菜、水果、畜禽、水产、林竹、花卉苗木、食用菌、乡村旅游、乡村物流十大乡村特色产业全产业链总产值超过2万亿元。

（二）持续、有效推进区域协作

20多年来，福建按照中央的部署，致力于援助西藏、宁夏、新疆、甘肃等地工作。通过挂职干部、企业及其他社会力量，福建不断为西部地区植入创新理念，进行资金、人才和智力帮扶，促进了受援和对口协作地区的脱贫致富与乡村振兴。

以闽宁协作为例，25年来福建省、对口帮扶市、县（区）及其社会各界已投入宁夏帮扶资金30.44亿元，其中省级财政累计投入无偿援助资金19.34亿元，对口帮扶市、县（区）投入7.11亿元，社会各界捐助折款3.99亿元。福建在宁夏先后援建公路385公里，打井窖1.5万眼，修建高标准梯田22.9万亩，完成危房危窑改造2000多户。帮助宁夏新（扩）建学校259所，资助贫困学生9万多名，援建妇幼保健院、医护培训中心等卫生项目349个，建设了一批儿童福利院、体育馆等社会福利项目和文化体育设施，近60万贫困群众从中受益。

截至2020年底,在宁闽籍企业(商户)达5700多家,8万多闽籍人员在宁从业。宁夏在福建建立7个劳务工作站和1个劳务联络点,5万多人在福建实现稳定就业,年均劳务收入超过10亿元,贫困家庭可支配收入的40%来自劳务。两省区整合优质资源和力量,政府、企业、社会齐发力,把8000多人的闽宁村,发展成6个村6万多人的闽宁镇。闽宁镇崛起特色种植、特色养殖、劳务产业、光伏产业、旅游产业等五大产业。在闽宁镇的示范带动下,涌现了110个闽宁协作示范村、20多个闽宁协作移民新村、320个易地搬迁安置区,累计接收易地搬迁移民100多万人,"闽宁示范村"模式在全国推广。2021年,闽宁镇获得全国脱贫攻坚楷模荣誉称号。

(三)探索、完善农村工作机制

一是完善基层治理机制。1993年以来,福鼎市柏洋村在党支部书记王周齐带领下,以"五心"(办事有公心、工作有信心、发展有恒心、为民有爱心、团结有诚心),创建"五好"(领导班子好、党员队伍好、工作机制好、工作业绩好、群众反映好)党组织。2006年,永安市八一村探索创立了"168"党建工作模式,在全省得到推广。2016年,古田县创建"1331"基层党建工作机制。2017年以来,福建省开始"跨村联建"探索,通过以强村带弱村,创新基层党组织设置与活动方式,联建村庄信息、技术、人才、土地、项目、资金等资源的互通共享,加强基层治理。二是深化科技特派员制度,充分发挥科技在农业农村发展中的重要作用。以南平市为例,通过广泛与科研院校开展合作,"高位嫁接"、柔性引才,截至2020年底累计选派1.39万人次科技特派员,推广新品种新技术1.6万项(次),实施科技开发项目1.4万项,科技对农业增长贡献率从1999年的33%提高到目前的60%以上。三是创新小额信贷机制,发展普惠金融。2001年12月、2003年8月,福安市政府、霞浦县政府分别与福建省扶贫办、中国扶贫基金会联合,成立了福建省福安市农户自立服务社(2018年改称中和农信福安分公司)、霞浦农户自立服务社(中和农信霞浦分公司),正式启动农户自立(小额信贷)扶贫开发项目。截至2019年底,福安市贷款总额7.7亿元,霞浦县贷款总额达7.8亿元。2007年以来,屏南县创新推出"屏南金融扶贫模式",累计推介担保贷款3.8亿元,受益贫困户2360户,从机制上解决信贷资金到户难题,形成了低成本、高效率的农村融资模式。2015年,古田县设立民富中心(普惠金融服务中心),帮助培育、孵化农民专业合作社,实现与农民专业合作社的对接,为各商业银行、生产合作社以及农户交流接洽合作提供平台,为群众融资提供方便。截至2021年7月末,县农信社、邮储银行、村镇银行、中行、市交行等5家金融机构与民富中心合作,为10家农民专业合作社累计发放农户贷款4276笔10.96亿元。

(四)脱贫攻坚与乡村振兴有序衔接

福建全省把23个脱贫县(主要为老区、苏区县)作为乡村振兴的重点县,各地把脱贫村纳入乡村振兴试点村,在资源投入上向贫困地区、贫困人口倾斜。如福州市优先将47个贫困村纳入省、市乡村振兴试点村,市级财政给予5488.35万元用于壮大村级集体经济、补齐农村公共服务短板。各地加强脱贫攻坚机制的转化。如泉州市着眼于落实"两不愁三保障"和饮水安全成果、政策措施脱贫成果、体制机制攻坚成果"三巩固",推动产业扶贫向产业兴旺、扶贫搬迁向生态宜居、解决"三保障"向公共服务均等化、农民全部脱贫向全面发展、驻村帮扶向强基固本"五个转变",确保农村低收入人口和欠发达地区在乡村振兴中不掉队。宁德市破解农村人才短缺问题,在省、市、县选派驻村第一书记的基础上,创新"乡村振兴指导员"制度,选派临近退休、有乡土情怀、农村工作经验丰富的领导干部返乡担任乡村振兴指导员。为调动全市广大农村基层干部发展壮大村级集体经济的积极性、主动性、创造性，推动村级集体经济持续健康发展，宁德市于 2020 年 9 月出台《宁德市发展壮大村级集体经济激励办法（试行）》。

二、习近平同志关于福建扶贫与乡村振兴论述的深远影响

习近平同志关于福建扶贫与乡村振兴的论述，在福建得到全面贯彻与实践，不仅对福建的发展产生了深远影响，也为国内其他地区发展提供经验。

（一）形成了社会经济高质量发展的局面

2014 年 11 月，习近平总书记在福建调研时，提出："我们对福建加快发展的期待，是实现有质量有效益的速度，实现实实在在没有水分的速度。"① 福建省以习近平总书记思路、理念为遵循，坚持因地制宜，量力而行，形成了社会经济高质量发展的局面。以宁德市为例，脱贫攻坚为经济发展奠定了基础，近年来经济转型步伐加快，培育形成了锂电新能源、不锈钢新材料、铜材料、新能源汽车等主导产业，实现了农业、工业"两个轮子"一起转。福建省不断推进山区与平原地区的平衡发展，推进老区和少数民族的发展，持续推进东西部协作，促进沿海和山区经济社会协调发展，为福建的协调发展奠定了基础。福建倾力生态治理，在全国率先推行海域资源有偿使用制度，是全国较早探索流域生态补偿的省份，是全国生态文明先行示范区。

---

① 《习近平在福建调研》，《人民日报》2014 年 11 月 3 日第 1 版。

（二）广大干部形成了良好的工作作风

习近平同志大兴调查研究之风，倡导滴水穿石、久久为功精神，践行"四下基层"和"马上就办"作风，为福建广大干部端正工作作风树立了榜样。2012年3月，福建省委决定开展"下基层、解民忧、办实事、促发展"活动，要求党员干部认真落实"四下基层"制度。2013年7月，福建省委把"四下基层"确定为群众路线教育实践活动的主要载体。2018年8月省委省政府出台《福建省弘扬"马上就办、真抓实干"优良传统作风若干规定（试行）》，强调各级干部要弘扬和践行"马上就办、真抓实干"优良传统作风，贯彻群众路线提升工作效能。2012年春，宁德市启动"四下基层，四解四促"活动：信访接待下基层，解矛盾促和谐；现场办公下基层，解难题促民生；调查研究下基层，解瓶颈促发展；宣传党的方针政策下基层，解疑惑促落实。同时，建立健全保障机制，当年3月在全省率先实行"无会周"制度。2015年3月11日，宁德市委、市政府出台了《关于组织开展"转职能、转方式、转作风，加强服务基层、企业、项目发展"活动的意见》，要求宁德市各级各部门和领导干部强化问题导向，进一步转变职能，创新方式，改进作风，强化服务。2018年4月13日，宁德市出台《中共宁德市委办公室关于进一步深化"四下基层"活动的通知》，进一步深化落实"四下基层"工作机制，明确要求每月开展一次活动，总时间不少于3天。在优良作风的影响下，福建广大干部群众勇于创业，涌现了全国优秀县委书记廖俊波和"时代楷模"援宁群体等先进事迹。

（三）形成了先行先试的福建经验

1. 扶贫开发的"宁德模式"。一是解放思想，因地制宜，调整产业结构，大念"山海经"，在贫困地区发展独具优势特色产业促进群众增收；二是凝聚力量，有针对性地通过专项扶贫解决特殊贫困，如通过"造福工程"给贫困人群赋权解决生存困境，通过供给机制创新推进普惠金融，给贫困户提供融资便利等；三是将脱贫致富融入"三农"工作、城镇化建设；四是通过科技投入，开发智力，激发内生动力，推进内源性扶贫。

2. 山海协作中的"大手牵小手"。长期以来，福建省按照"两区、三片、四带、四对"的协作格局，坚持不懈地推进山海协作，取得了良好效果。沿海财政强县与23个贫困县之间的长期持续协作，推进了产业、劳务、技术、人才等方面的合作与交流，带动了山区贫困县的发展。同时，在地市内部，强帮弱，富帮穷，形成了多层次的"大手牵小手"帮扶格局。

3. 东西部扶贫协作的"闽宁模式"。围绕着脱贫这一中心工作，闽宁两省区不断创新加强帮扶措施，区域贫困治理、区域经济协作、共同富裕实现路径等方面都进行了积极的探索，形成东西部扶贫协作的典范——"闽宁模式"。

4. 菌草事业带来福音。食用菌产业在古田迅猛发展的同时，古田人也无私地把食用菌菌种和生产技术推向全国各地，形成了"哪里有食用菌，哪里就有古田人"的神奇现象，为我国的现代食用菌产业发展做出了贡献，带动了中西部食用菌的发展和贫困户脱贫。自2000年起，古田县开始承办亚太食用菌培训中心委托的南南合作国际食用菌技术培训班。通过召开食用菌技术国际研讨会，举办食用菌国际技术培训班，古田县为南非、韩国等70多个国家选派来华的近450名学员进行培训，培训内容涵盖食用菌栽培、加工、机械和产业发展等方面，增进了中外食用菌产业带交流。1997年，林占熺发明的菌草技术，作为闽宁对口帮扶项目推出。菌草技术迅速在宁夏推广，成效显著，被誉为"东西协作扶贫的希望"。该技术先后运用于国内的福建、宁夏、内蒙古、新疆、西藏、河北、河南、贵州等中度水土流失区、荒漠地、沙化地、盐碱地、石漠化地生态治理。该技术先后被列为我国援助巴布新几内亚、卢旺达、莱索托、南非、斐济、厄立特里亚等国家的项目，在十几个国家建立了示范培训和产业发展基地。林占熺团队先后举办了13届国际菌草业发展研讨会，106期菌草技术及产业化国际培训班，为101个国家培养了1810名学员。

习近平同志关于福建扶贫和乡村振兴的论述内容全面、深刻，是重要的思想财富和精神财富，并在福建取得了实践成果，产生了深远影响。加强对习近平同志关于福建扶贫和乡村振兴论述进行的再学习、再认识，有利于掌握乡村振兴工作规律，有助于高质量推进福建乡村振兴事业和经济社会全面发展，有助于扎实推进共同富裕事业。

《摆脱贫困》蕴涵的哲学智慧

张艳涛[*]

贫困问题是伴随人类社会发展进程而产生的社会现象，长期困扰着人类的生存和发展。我国作为一个农业人口占多数的发展中国家，贫困问题尤为突出。贫困问题不仅是单纯的经济社会问题，更是制度认同与政治稳定的重大议题，从民生角度反映了国家政治制度的优劣。中国共产党团结带领中国人民创造了摆脱贫困的"中国奇迹"，为世界作出巨大贡献。中国30多年来的发展之路，为世界现代化贡献了"中国道路"；而中国的扶贫之路，同样为人类反贫困积累下"中国经验"，让"中国经验"成为人类与贫困的斗争中更宝贵的资产，集中展示了以习近平同志为核心的党中央治国理念和执政方略。从梁家河到正定，再到厦门经济特区的深入实践，习近平同志关于扶贫的认识与理念不断发展成熟，并孕育了因地制宜、扶贫扶志等精准扶贫理念，为其后来在宁德指导落后地区摆脱贫困以及全国的脱贫攻坚树立了坚实的思想原点，具有非常重要的启发意义。《摆脱贫困》收录了习近平同志1988年至1990年在宁德工作期间的29篇讲话和文章，全书以经济建设为中心，围绕闽东地区如何早日脱贫致富这一主题，将一系列极富创造性的战略思想、极富前瞻性的制度理论和极富针对性的实践观点娓娓道来，思想深刻，发人深省，催人奋进。《摆脱贫困》是务实的，求实的，又是充满思想的，甚至是充满睿智的。福建

---

[*] 张艳涛：厦门大学马克思主义学院副院长，教授，博士生导师。

省委原书记项南为此书作序，他说道："虽然近平同志已经调离宁德，但今天是从昨天走过来的，他留下的这份精神财富，肯定会对继任者起承前启后的作用。"①

一、"弱鸟先飞"：强与弱的辩证法

弱鸟先飞，解放思想是关键。因地制宜、经济大合唱。中国扶贫开发规模之广、难度之大，绝无仅有，而取得的成果之巨，也足以载入人类发展史册。对于中国，扶贫不仅是小规模的、社会化的生活救济，而是成建制、有计划、有组织的国家行动。2020年，宁德已实现现行标准下建档立卡贫困人口、省级扶贫开发重点县和贫困村全部摘帽退出，高质量打赢脱贫攻坚战。扶贫与"扶志""扶智"相结合，既是习近平总书记关于扶贫工作重要论述的深刻内涵，也是针对当前脱贫攻坚实际开出的治本良方。"越穷的地方越难办教育，但越穷的地方越需要办教育，越不办教育就越穷。这种马太效应，实际上也是一个'穷'和'愚'互为因果的恶性循环。"② "贫困地区的发展靠什么？千条万条，最根本的只有两条：一是党的领导；二是人民群众的力量。"③

二、"滴水穿石"：快与慢的大逻辑

脱贫致富奔小康的重要保障是要大力弘扬滴水穿石精神。做好扶贫开发工作、改变落后面貌不是一朝一夕的事，需要始终保持锲而不舍、艰苦奋斗的韧劲。习近平同志在宁德工作时大力倡导滴水穿石精

---

① 习近平：《摆脱贫困》，福建人民出版社1992年版，序第1页。
② 习近平：《摆脱贫困》，福建人民出版社1992年版，第173页。
③ 习近平：《摆脱贫困》，福建人民出版社1992年版，第13页。

神,指出欠发达地区发展"没有什么捷径可走,不可能一夜之间就发生巨变,只能是渐进的,由量变到质变的,滴水穿石般的变化"[1]。他强调,"不能只热衷于做'质变'的突破工作,而要注重做'量变'的积累工作"[2]。"滴水穿石"精神,体现了铁杵磨针、积沙成塔的韧性意志,体现了弱鸟先飞、勇为人先的创业激情,体现了矢志如初、奋斗不息的进取品格,体现了"功成不必在我"的境界胸怀,是欠发达地区、革命老区广大干部群众宝贵的精神财富,在今天依然具有很强的现实意义。

任何事业的成功,都要有股"水滴"的韧劲,改变贫困地区落后面貌,必须依靠一代又一代干部群众目标一致、矢志不移地共同努力。我们要把滴水穿石精神贯穿于脱贫致富奔小康的全过程,"咬定青山不放松",扑下身子,摸清实情,持之以恒,埋头苦干,以坚韧之力驱除急于求成的浮躁之气,用长远之计凝聚扶贫攻坚的强大合力。精准思维是脱贫攻坚和全面建成小康社会的关键所在。"精准扶贫"与"粗放扶贫"相对,是指针对不同贫困区域环境、不同贫困农户状况,运用科学有效程序对扶贫对象实施精确识别、精确帮扶、精确管理的贫困治理方式。脱贫攻坚,精准是要义。精准扶贫思想最早源于2013年习近平总书记到湖南湘西考察时作出的"实事求是、因地制宜、分类指导,精准扶贫"的重要指示。按照"扶持对象精准、项目安排精准、资金使用精准、措施到户精准、因村派人精准、脱贫成效精准"等"六个精准"原则开展扶贫。鉴于贫有百种、困有千因,脱贫攻坚必须坚持精准扶贫、精准脱贫,解决好扶持谁、谁来扶、怎么扶、如何退问题,不搞大水漫灌,不搞撒胡椒粉,要因村因户因人施策,对症下药、精准滴灌、靶向治疗,扶贫扶到点上扶到根上。习近平总书记指出,坚持精准扶贫,不能用"手榴弹炸跳蚤"。[3] 精准扶

---

[1] 习近平:《摆脱贫困》,福建人民出版社1992年版,第58页。
[2] 习近平:《摆脱贫困》,福建人民出版社1992年版,第34页。
[3] 习近平:《在打好精准脱贫攻坚战座谈会上的讲话》,《求是》2020年第9期。

贫的核心要求是要把真正的贫困对象精准识别出来，加以针对性个别化的扶贫措施，实现有效并可持续地摆脱贫困。

2015年1月29日，习近平总书记在国家民委一份简报上批示：要"因地制宜，精准发力，确保如期啃下少数民族脱贫这块'硬骨头'，确保各族群众如期实现全面小康"①。2016年2月19日，习近平总书记通过视频连线赤溪村畲族乡亲时指出，滴水穿石、久久为功、弱鸟先飞，你们的实践印证了现在的扶贫方针，就是要精准扶贫。②1988年，当习近平同志就任宁德地委书记后不久即提出："闽东这只'弱鸟'可否先飞，如何先飞？"③自此，"弱鸟先飞"写下强与弱的辩证法，"滴水穿石"昭示快与慢的大逻辑。从越过温饱线到贫困发生率大幅下降，从摆脱贫困到走向全面小康，宁德发展的每一步，都离不开习近平同志打下的坚实基础，都未偏离他所擘画的宏伟蓝图。

三、"四下基层"：人心与力量的观念

习近平总书记提出了"四下基层"制度，这是闽东践行群众观点的特色制度，也是贯穿《摆脱贫困》始终的一个鲜明观点。在《干部的基本功——密切联系人民群众》中，他指出："无论是从发挥党的领导作用，还是从调动群众积极性这两方面说，都要求我们的各级干部始终同广大人民群众保持密切的血肉联系。这就是干部的一项十分重要的基本功"④。他深刻地指出："领导要有水平，水平从哪里来？水平来自对客观规律的认识和掌握，而规律性的东西，正是蕴藏在广大群

---

① 《全面实现小康，少数民族一个都不能少——习近平同志帮助福建少数民族群众脱贫致富纪事》，《福建日报》2015年11月23日第1版。
② 《滴水穿石三十年——福建宁德脱贫纪事》，《光明日报》2018年5月31日第1版。
③ 习近平：《摆脱贫困》，福建人民出版社1992年版，第1页。
④ 习近平：《摆脱贫困》，福建人民出版社1992年版，第14页。

众的实践中。"① 这篇文章深刻地论述了群众路线问题，是真正的经典。

从"量力而行、尽力而为"到"多抱几个金娃娃"。习近平同志在《摆脱贫困》一书中，首次提出"要想脱贫致富，必须有个好支部"，并进行了深刻阐释，"党对农村的坚强领导，是使贫困的乡村走向富裕道路的最重要的保证"。② 宁德人都熟悉一句俗语——"车岭车上天，九岭爬九年"。素有"老少边岛穷"之称的闽东，山高路远田瘦、地势犬牙交错，山海川岛湖林洞，处处藏"穷根"。当习近平同志初到宁德时，就是在这样的崎岖难行中跑遍9个县，把宁德的家底看个通透。当年，在地委机关工作的很多人，对这位新来的年轻干部充满期待：来了还能不先烧"三把火"，争取些大项目、好资源？然而，习近平指出，一下子抱个'金娃娃'，想法不切合实际"③。在习近平为宁德同事们写下的临别赠言里，依然强调：闽东的"脱贫工作取得了阶段性的胜利"，仍要"面对闽东的实际，消除一切超现实的幻想"。④ 宁德人以滴水穿石的劲头默默接力，坚守摆脱贫困使命，树牢弱鸟先飞志气，一棒接着一棒干。

四、"真抓实干、马上就办"：治标和治本的统一

消除贫困，改善民生，实现共同富裕，是社会主义的本质要求，是我们党的重要使命。在全党全国各族人民持续奋斗下，2021年2月25日，习近平总书记庄严宣告中国脱贫攻坚战取得全面胜利，创造了又一个彪炳史册的人间奇迹。从"唱山歌、念海经"到走出一条具有闽东特色的乡村振兴之路。九山半水半分田的闽东，发展农业靠什

---

① 习近平：《摆脱贫困》，福建人民出版社1992年版，第14页。
② 习近平：《摆脱贫困》，福建人民出版社1992年版，第161、159页。
③ 习近平：《摆脱贫困》，福建人民出版社1992年版，第69页。
④ 习近平：《摆脱贫困》，福建人民出版社1992年版，第202、207页。

么？刚到宁德不久，习近平同志就认识到，必须探讨一条因地制宜发展经济的路子。这句话，被具体化为"靠山吃山唱山歌，靠海吃海念海经"。2019年8月4日，习近平总书记给寿宁县下党乡乡亲们回信嘱托——持续巩固脱贫成果，积极建设美好家园，努力走出一条具有闽东特色的乡村振兴之路。

党的十八大以来，习近平身体力行，跋山涉水，从天寒地冻的西北大地到人迹罕至的塞外边疆，从大山深处到棚户陋室，多次到脱贫攻坚第一线，先后深入河北阜平县骆驼湾村和顾家台村、湖南花垣县十八洞村、河南兰考县张庄村、宁夏永宁县原隆村、江西于都县潭头村、内蒙古喀喇沁旗马鞍山村、河南光山县东岳村、宁夏吴忠市弘德村等24个贫困村考察调研，走遍全国14个集中连片特困地区，探访贫困家庭，了解群众吃穿用度，嘘寒问暖，体贴入微，真正地践行了人民至上的自我要求。

空谈误国，实干兴邦。写于1988年9月的《弱鸟如何先飞——闽东九县调查随感》指出："地方贫困，观念不能'贫困'。'安贫乐道'、'穷自在'、'等、靠、要'，怨天尤人，等等，这些观念全应在扫荡之列。"[①] 这些话语透出对担当作为的声声呼唤。"'亿万千百十，皆起于一'，闽东跨越了这一条'贫困线'，若能继续卧薪尝胆，矢志如初，再接再厉，奋斗不息，必能彻底摆脱贫困"[②]。无论是扶贫资源的动员和调配，还是具体项目的实施和推进，带有强烈"政府主导"色彩的扶贫模式，政治优势和制度优势的充分发挥，是中国实现快速减贫的重要原因。

"精准扶贫、精准脱贫""坚持扶贫开发与经济社会发展相互促进，坚持精准帮扶与集中连片特殊困难地区开发紧密结合，坚持扶贫开发与生态保护并重，坚持扶贫开发与社会保障有效衔接"，《关于打

---

① 习近平：《摆脱贫困》，福建人民出版社1992年版，第2页。
② 习近平：《摆脱贫困》，福建人民出版社1992年版，第216页。

赢脱贫攻坚战的决定》中的"两个精准""四个坚持",提出的扶贫工作的新思路,正是中国扶贫经验的总结和发展。这背后的方法论问题,同样值得审思。一是治标和治本的统一。救济性扶贫虽然立竿见影,但救济的终结,常常就是返贫的开始。经济社会发展、强化社会保障,才能拔除病灶、强身健体。一是局部与全局的统一。"在讲'贫穷'的同时,不要忘记讲闽东的光彩;在讲压力的同时,不要忘了讲动力"①。这种精神和信念是我们每个党员领导干部必须具备的。习近平同志高瞻远瞩,事关宁德发展、稳定、改革等等,都能从全国、全省的角度去理解、分析、定位,思路清晰。如在《新形势下闽东财政经济的辩证观》中,他从"正确处理全局和局部的关系""正确处理紧缩和发展的关系""正确处理增加财政收入与搞活企业的关系""正确处理多办事和量力而行的关系"等四个方面"用唯物辩证法的观点来研究和解决闽东财政经济运行中的诸多矛盾"。②这些不仅站位高,分析也很透彻。在《为官一场 造福一方》一文中他说,"我不主张多提口号,提倡行动至上。过去采取的很多有效的办法,要像接力赛一样,一棒一棒接着干下去,脚踏实地干出成效来。"③"我是崇尚行动的。实践高于认识的地方正在于它是行动。从这个意义上说,我们不担心说错什么,只是担心'意识贫困',没有更加大胆的改革开放新意;也不担心做错什么,只是担心'思路贫困',没有更有力度的改革开放的举措。"④

辩证思维。《滴水穿石的启示》《正确处理闽东经济发展的六个关系》《新形势下闽东财政经济的辩证观》等文章充满辩证思维光辉。更难能可贵的是,习近平同志用辩证法不是空谈,而是很接地气,如《从政杂谈》中谈道:"不能只热衷于做'质变'的突破工作,而要注

---

① 习近平:《摆脱贫困》,福建人民出版社1992年版,第21页。
② 习近平:《摆脱贫困》,福建人民出版社1992年版,第101—105页。
③ 习近平:《摆脱贫困》,福建人民出版社1992年版,第77页。
④ 习近平:《摆脱贫困》,福建人民出版社1992年版,第216页。

重做'量变'的积累工作。我赞赏'滴水穿石'的精神，赞赏默默奉献的精神，提倡干部埋头苦干，着眼于长期的、为人铺垫的工作。因为事物的发展变化是一个渐进的过程，质变要有量变的积累"[1]。

精准思维。习近平总书记在2022年春季学期中央党校（国家行政学院）中青年干部培训班开班式上指出："要强化精准思维，做到谋划时统揽大局、操作中细致精当，以绣花功夫把工作做扎实、做到位。"[2] 在这里，精准的意思是准确、精确。在新时代广大党员干部应自觉提升精准思维能力，精准补齐短板、精准攻破难点、精准抓住重点，推动工作精准落地落实。

习近平同志在书的跋中说："在这本书中，我只提供一份我在闽东实践、思考的记录，这对于闽东脱贫事业和其他事业之宏伟大厦或可成为一石一木，对于后来者或许也有些微意义——若留下探索，后人总结；若留下经验，后人咀嚼；若留下教训，后人借鉴；若留下失误，后人避免。我亦断定此书会被人遗忘。"[3] 习近平同志把摆脱贫困作为其主政宁德工作期间的主攻目标。总体而言，至少可以包括以下五个方面。扶贫要先扶志。这是解决思想观念落后的认识论问题。第二，精准扶贫。这是强调扶贫实践的方法论问题。第三，民族地区脱贫致富。这是强调脱贫主体的全面性、彻底性。第四，脱贫致富是物质富裕与精神富足的统一。这是强调扶贫内容的完整性和整体性。第五，党的领导与人民群众相结合。这是解决扶贫的动力机制问题。"贫困地区的发展靠什么？千条万条，最根本的只有两条：一是党的领导；二是人民群众的力量。"[4] 要根本改变地方贫困、落后面貌，不仅要有党的坚强领导，还"要广大人民群众发扬'滴水穿石'般的韧

---

[1] 习近平：《摆脱贫困》，福建人民出版社1992年版，第34页。
[2] 《人民日报》2022年3月2日第1版。
[3] 习近平：《摆脱贫困》，福建人民出版社1992年版，第214页。
[4] 习近平：《摆脱贫困》，福建人民出版社1992年版，第13页。

劲和默默奉献的艰苦创业精神，进行长期不懈的努力，才能实现"①。这进一步折射出，从贫困到摆脱贫困的转变，是内生力与外在力良性互动作用下的必然结果。

---

① 习近平：《摆脱贫困》，福建人民出版社1992年版，第13页。

中国共产党领导下的农业可持续发展：从战天斗地到绿色发展

金书秦　丁　斐[*]

一、党的十八大以来农业绿色发展的历史性成就

党的十八大以来，在习近平生态文明思想的指引下，农业绿色发展理念深入人心，政策举措务实有效，在体制机制完善、生产过程清洁化、市场培育等方面都取得了显著成效，农业的绿色之底不断擦亮。

（一）农业绿色发展管理体制不断完善

推进农业绿色发展是一项系统性工程，点多、面广、线长，具有主体分散与协同发力的两面性，需多部门协作。党的十八大以来，国家通过机构调整改革，为农业农村绿色发展扫清了体制机制障碍。

一是管理机构分工逐步厘清。2018年的机构改革，将中央农村工作领导小组办公室的职责，农业部的职责，以及国家发展和改革委员会的农业投资项目、财政部的农业综合开发项目、国土资源部的农田

---

[*] 金书秦：农业农村部农村经济研究中心可持续发展研究室主任，研究员。丁斐：农业农村部农村经济研究中心助理研究员，博士。

整治项目、水利部的农田水利建设项目等管理职责整合，组建农业农村部，作为国务院组成部门。原农业部的监督指导农业面源污染治理的职能划给新组建的生态环境部，使农业面源污染由"农业干、农业管"，到"农业干、环保管"，有利于明确职责分工，提高农业农村污染防治效果。

二是补贴制度向绿色生态转型。截至2021年，我国已实行（含试点）农业绿色补贴相关政策12种，政策框架已基本形成。我国绿色农业补贴政策体系的基本框架涵括绿色价格支持政策、绿色收入支持政策以及绿色支出支持政策等3个政策类别，具体可分为退耕还林补贴、绿色最低收购价、粮糖油棉施用有机肥补贴等25种政策措施，基本涵盖了现阶段农业绿色生产的各个方面，针对性地解决了现阶段农业绿色生产存在的突出问题，以绿色生态为导向的农业补贴政策基本制度框架已初步形成。

三是评价与考核机制不断完善。十八大以来，以农业农村部为主导的农业可持续发展评价与考核开展了有效的探索。在评价方面，2016年国家发展改革委联合国家统计局、原环境保护部、中央组织部制定了《绿色发展指标体系》和《生态文明建设考核目标体系》，作为官方生态文明建设评价考核的依据，为开展农业可持续发展评价打下了基础。2022年中央一号文件明确提出开展农业绿色发展评价。在考核方面，目前化肥减量、农业废弃物处理、畜禽粪污资源化利用、耕地土壤环境质量等内容已纳入绩效考核。2021年《农业面源污染治理与监督指导实施方案（试行）》提出，强化监督工作，推动地方各级政府将农业面源污染防治工作纳入绩效评估，突出问题纳入中央生态环境保护督察范畴。

（二）农业生产制度更加清洁化

农业清洁生产是建设现代农业的重要保证。建立清洁化的农业生产制度是加快形成绿色农业生产方式、促进农业绿色发展的有效途径。党的十八大以来，我国在促进农业生产制度清洁化方面开展了卓有成效的工作，取得了积极进展，为农业绿色发展和生态文明建设提供了有力支撑。

一是资源保护与节约利用水平不断提高。通过高标准农田建设、东北黑土地保护利用综合示范、土壤污染管控与修复、秸秆还田、有机肥替代化肥、轮作休耕、深松深耕和重金属污染防治等技术措施，实施耕地质量保护与提升行动，改善了耕层质量状况，项目区耕地质量有了不同程度的提高。据农业农村部耕地质量中心监测评价结果，2019年全国耕地质量平均等级为4.76，较2014年提升了0.35个等级。采取调整种植结构、严控水资源利用、加强工程建设、推广节水技术、强化用水管理、健全农业水权制度和水价改革等多重手段，农业高效节水取得显著成效。2019年，全国农业用水量为3682.3亿立方米，较2013年降低239.22亿立方米。

二是农业生产过程更加清洁。2015年农业面源污染治理攻坚战正式打响，通过推动农业投入品减量、农作物秸秆综合利用、畜禽粪污资源化利用、废旧农膜回收利用等工作推进农业清洁生产，突破农业资源环境瓶颈。紧紧围绕"一控两减三基本"目标，农业农村部持续推进有机肥替代化肥、测土配方施肥、化肥减量增效技术示范等工作，有效提高化肥利用效率，扎实开展化肥使用量零增长行动。"十三五"时期，我国化肥使用量连续5年保持负增长。通过大力推进农药减量增效行动，我国农药减量取得了明显成效。随着科学施药理念日益深入人心，节药技术大面积推广，2020年全国农药使用量131万吨，较2015年减少47万吨。卫星遥感监测结果显示，2020年全国秸秆焚烧火点数为7635个，较2015年减少30%，秸秆综合利用水平明显提高。

三是农业生态修复和保护取得新进展。林地、草原、湿地、农田林网生态功能的恢复和提升进一步促进了农田生态功能修复和提升。

耕地轮作休耕取得明显成效。2016年以来，国家启动实施耕地轮作休耕制度试点，初步探索了有效的组织方式、技术模式和政策框架，试点成效逐步显现。试点规模不断扩大到地下水超采区、重金属污染区、西南石漠化区、西北生态严重退化地区。根据农业农村部耕地质量监测保护中心对轮作休耕地区的耕地质量检测，轮作休耕区域耕地质量稳步向好。退耕还林还草稳步推进。党的十八大以来，国家在具备条件的坡耕地和严重沙化耕地约4240万亩退耕还林还草，采取"自下而上、上下结合"的方式实施。截至2020年底，中央财政累计投入5174亿元，完成造林面积占同期全国林业重点生态工程造林总面积的40.5%，生态环境得到显著改善，草原生态保护取得明显进步。

（三）农业可持续发展市场机制逐步建立

党的十八大以来，我国围绕绿色优质农产品认证、探索推进新"三品一标"和生态价值实现市场培育，极大地促进了农业多元价值实现，农业可持续发展带来的经济激励已成为农民增收的重要途径。

一是绿色优质农产品认证制度不断健全。随着《绿色食品标志管理办法》《原产地域产品保护规定》《全面推进"无公害食品行动计划"的实施意见》《有机产品认证管理办法》的出台，我国逐渐形成较为完善的无公害农产品、绿色食品、有机农产品和农产品地理标志（简称"三品一标"）认证制度体系。截至2020年底，全国绿色食品、有机农产品和地理标志农产品产品总数达5.05万个，较"十二五"末期增加72%。其中，绿色食品42739个，有机农产品4466个，地理标志农产品3268个。

二是探索推进新"三品一标"。我国农业已走过了解决温饱的数量偏好增长阶段，正在转向不断满足人民日益增长的美好生活需要的提质增效发展时期。2020年中央农村工作会议提出，要推动农业品种培优、品质提升、品牌打造和标准化生产，"三品一标"的内涵得到升华。2021年3月，农业农村部办公厅关于印发《农业生产"三品一标"提升行动实施方案》的通知，指出从2021年开始，启动实施农业生产"三品一标"（品种培优、品质提升、品牌打造和标准化生产）提升行动，更高层次、更深领域推进农业可持续发展。

三是农业生态价值实现市场得到充分培育。农业碳汇交易市场形成雏形。经过多年努力，中国已经初步建立起全国统一的碳排放权交易市场，目前农业参与碳交易主要有生物质、沼气等国家核证自愿减排量（CCER）项目进入抵消市场。截至2017年3月，全国有近3000个CCER项目通过了审定，其中与农业高度相关项目达到600余个，形成了包括湖北省洪湖市农村沼气利用项目等在内的典型案例。除了碳排放权市场交易，其他潜在的市场交易形式还包括碳标签农产品交易、低碳农业品牌交易、碳文化融合交易等。中国最美休闲乡村推介、中国美丽田园推介、全国休闲农业星级评定、特色景观旅游名镇名村示范、国家现代农业庄园等品牌培育工程，进一步促进了休闲农业和乡村旅游的蓬勃发展。

二、中国共产党领导下农业可持续发展的基本经验

党的十八大以来，在习近平生态文明思想的指引下，绿色发展理念为农业可持续发展提供了新的思想指南，推动我国农业可持续发展迈上新台阶。中国共产党在促进农业可持续发展过程中积累了丰富的历史经验与启示。

（一）推动党领导农业可持续发展的制度化和法治化

习近平总书记强调："党政军民学，东西南北中，党是领导一切

的。"① "三农"工作是全党工作的重中之重，不断加强和改善党对"三农"工作的领导，推动党领导农业可持续发展的制度化和法治化是实现农业可持续发展的一条宝贵经验。

党的十八大以来，以习近平同志为核心的党中央将绿色发展理念作为新发展理念中的重要一条，将其贯彻到"三农"工作的全过程。"绿水青山就是金山银山"作为党的一条指导思想被写入党的章程，生态文明建设的"四梁八柱"基本建立，支持农业可持续发展的制度逐渐形成体系。

党中央领导农业可持续发展的统筹决策机制日益完善。每年年底召开的中央农村工作会议将农业绿色发展作为"三农"工作的重要议题，围绕耕地保护、农业化肥减量增效、农业减排固碳、农业生态价值实现进行决策部署。从全面构建农业可持续发展的制度体系到强化粮食主产区利益补偿、耕地保护补偿、生态补偿、金融激励等政策支持，从加快建立健全绿色农业标准体系到完善绿色农业法律法规体系，正如习近平总书记所强调的，只有实行最严格的制度、最严密的法治，才能为生态文明建设提供可靠保障。

（二）坚持农业可持续发展的人民立场

农业农村可持续发展不仅仅是环境问题，更是个涉及经济发展、政治稳定的大问题，关系到亿万农民群众的幸福感、获得感，事关14亿多人吃饭问题，也是以人民为中心的发展理念的重要体现。特别是党的十八大以来，我国农业可持续发展取得翻天覆地的成就，很大程度上是源于中国共产党始终坚持以人民为中心践行农业可持续发展事业。

一是把"一切为了人民"作为农业可持续发展的出发点和落脚

---

① 习近平：《论坚持党对一切工作的领导》，中央文献出版社2019年版，第158页。

点。习近平总书记在多个场合强调环境就是民生："良好生态环境是最公平的公共产品，是最普惠的民生福祉"[①]，"环境就是民生，青山就是美丽，蓝天也是幸福。要像保护眼睛一样保护生态环境，像对待生命一样对待生态环境"[②]。

二是把"一切依靠人民"作为农业可持续发展的重要工作方法。实践证明，党的"三农"工作必须尊重农民的主体地位，充分发挥农民的首创精神。要坚持人民立场，善于从人民群众中汲取智慧和力量。农业可持续发展的不少实践都是在广大农民群众生产实践中发现并总结提炼的。加快农业可持续发展，要坚持因地制宜，充分发挥农民首创精神，鼓励各地积极探索，不断创新经营组织形式，不断创设扶持政策措施，为实现农业绿色转型创造必要条件。

三是实现发展成果由人民共享。农业可持续发展的成果要更多更公平地惠及全体人民，以农业可持续发展为契机，探索促进城乡共同富裕的新路径。习近平总书记指出，"发展经济是为了民生，保护生态环境同样也是为了民生"。在人与自然和谐共生中实现可持续发展为创新农业发展思路提供了新契机，经济欠发达地区可以将良好的生态环境转化成生态农业、生态旅游业等，通过生态产业化道路实现农业生态价值。而经济发达地区要加快生态文明体制改革，推进绿色发展、低碳发展、循环发展。

（三）坚持树立正确的政绩观

树立正确的政绩观，首先就要正确处理经济发展与生态保护的关系，全面提升农业绿色发展的战略定位。全党正确认识到"保护生态环境就是保护生产力，改善生态环境就是发展生产力"的重要意义，

[①] 中共中央文献研究室编《习近平关于全面建成小康社会论述摘编》，中央文献出版社2016年版，第163页。
[②] 《总书记的两会声音》，《人民日报》2015年3月15日第5版。

牢固树立"绿水青山就是金山银山"理念,针对农业生产,要从保产量转变到保产能,要逐步还旧账、杜绝欠新账,不仅要算经济账,也要算环境账,更要算政治账,要杜绝经济搞上去、环境降下来,更要避免环境好起来、农民穷下去。

树立正确的政绩观,就要保持农业可持续发展的战略定力和历史耐心。在2017年7月审议《关于创新体制机制推进农业绿色发展的意见》时,习近平总书记指出,推进农业绿色发展是农业发展观的一场深刻革命。[①] 因此,我们需要用历史的眼光来看待农业绿色发展,将长期性科学规划与阶段性目标计划有机结合,标本兼治,稳扎稳打,逐步深入推进。要以"功成不必在我"的精神境界和"功成必定有我"的历史担当,保持历史耐心,发扬"钉钉子"精神,一张蓝图绘到底,一任接着一任干。

(四)坚持正确的"三农"工作方法论指导

农业绿色发展是一场深刻的变革,必须坚持正确的方法论指导。一是要坚持底线思维,不折不扣保障国家粮食安全和"三农"健康发展。在推进农业绿色发展的具体措施上,要着眼于乡村振兴的总体目标,要以人民为中心,以乡村振兴战略的总体目标为准,将"产业振兴、人才振兴、文化振兴、生态振兴、组织振兴"五个方面有机结合起来。

二是坚持全要素系统推进。农业本身就是一个生态系统,尤其要强调系统性和全面性。在推进农业农村绿色发展过程中,要有全局思维和统筹安排,避免顾此失彼。要坚持"山水林田湖草是生命共同体"的整体系统观,全要素系统推进,实现"社会—经济—环境"复合生态系统的全方位发展和城乡区域协调发展。

---

① 《人民日报》2017年7月20日第1版。

三是增强领导农业可持续发展的专业化水平。农业可持续发展的目标能否实现，根本取决于党领导工作能力和水平的高低。随着农业生产水平的不断提升，农业可持续发展面临的问题更加复杂，这对党领导经济工作的能力和水平提出了更高的要求，越来越要求相关人才具备专业思维和专业方法。

（五）坚持共建人类命运共同体的开放胸襟

近年来，中国高度重视农业可持续发展领域的南南合作。越来越多中国企业和投资者投身到发展中国家，用中国农机、中国技术将肥沃土地转化为高产良田，为促进东道国农业可持续发展、缓解粮食短缺发挥了不可替代的作用。实践证明，要坚持用习近平生态文明思想指导农业绿色发展，围绕农业资源集约利用、化肥农药减量增效、耕地保护等重点环节发力，就能为全球农业可持续发展和粮食安全作出积极贡献。

共建人类命运共同体是新时代所倡导的全球治理观和可持续发展观。习近平总书记指出："人类是一个整体，地球是一个家园。任何人、任何国家都无法独善其身。人类应该和衷共济、和合共生，朝着构建人类命运共同体方向不断迈进，共同创造更加美好未来。"[1] 在中国共产党的领导下，中国要承担着负责任大国应有的责任，为全球农业可持续发展做出表率。坚持理论创新，聚焦农业绿色发展基础理论问题，为全球农业可持续发展贡献中国智慧与方案。

---

[1] 习近平：《习近平重要讲话单行本》（2021年合订本），人民出版社2022年版，第136页。

三、面向现代化的农业绿色发展重点任务

党的十八大以来，我国农业绿色发展虽然取得历史性成就，但远未达到可以松口气、歇歇脚的地步。面向"十四五"时期和2035年远景目标，农业绿色发展任务依然繁重，更要坚持习近平生态文明思想对农业绿色发展的指导，明确未来一段时期农业绿色发展的重点任务，为实现第二个百年奋斗目标起好头。

一是进一步巩固农业面源污染治理成效。农业面源污染治理是生态环境保护的重要内容，事关农村生态文明建设，事关国家粮食安全和农业绿色发展，事关城乡居民的水缸子、米袋子、菜篮子。当前，农业面源污染情况尚未出现根本性好转，农业面源污染治理水平和治理能力有待进一步提升。2021年3月，生态环境部办公厅和农业农村部办公厅联合出台《农业面源污染治理与监督指导实施方案（试行）》，为"十四五"时期治理农业面源污染问题提供了思路。方案要求，到2025年，重点区域农业面源污染得到初步控制，农业生产布局进一步优化，化肥农药减量化稳步推进，规模以下畜禽养殖粪污综合利用水平持续提高，农业绿色发展成效明显。

二是持续推进农业农村减排固碳事业。习近平总书记在2020年中央农村工作会议上指出，2030年前实现碳排放达峰、2060年前实现碳中和，农业农村减排固碳，既是重要举措，也是潜力所在，这方面要做好科学测算，制定可行方案，采取有力措施。2022年中央一号文件也提出，"研发应用减碳增汇型农业技术，探索建立碳汇产品价值实现机制"。农业系统既是重要排放源，也是重要的碳汇系统。"十四五"时期要科学评估农业减排固碳增汇潜力，加强保护性耕作、畜禽粪便管理和资源化利用等问题研究，发展低碳农业、有机农业。结合《国家适应气候变化战略2035》，增强农业生态系统适应气候变化领域

研究。实现应对气候变化目标与粮食安全目标的有机协同。

三是探索农业生态价值实现路径。习近平总书记指出，既要创造更多的物质财富和精神财富以满足人民日益增长的美好生活需要，也要提供更多优质生态产品以满足人民日益增长的优美生态环境需要。当前，人民日益增长的优美生态环境需要与优质生态产品供给不足的矛盾仍是主要矛盾的重要表现形式。绿色、可持续的农业生态系统是增强优质生态系统供给的重要抓手，要进一步围绕农业生态功能，探索有机农业、乡村旅游等农业生态价值路径，创新产权交易、飞地经济、品牌建设等农业生态价值实现的新商业模式。

四是不折不扣落实好最严格的耕地保护制度和节约用地制度。土地是农业可持续发展的根本基础。自第二次国土调查以来的10年间，全国耕地地类减少1.13亿亩，年均减少面积还略有扩大。习近平总书记强调，耕地是粮食生产的命根子，要严防死守18亿亩耕地红线，采取"长牙齿"的硬措施，落实最严格的耕地保护制度。当前，耕地保护面临"保数量"和"保质量"的双重压力。一方面，要坚守18亿亩耕地红线，落实最严格的耕地保护制度，加强耕地用途管制，坚决遏制耕地"非农化"、严格管控"非粮化"。另一方面，要推进高标准农田建设和提升耕地质量水平。力争实现到2025年建成10.75亿亩高标准农田的目标，实施国家黑土地保护工程，推进耕地保护与质量提升行动，健全耕地质量监测监管机制。

五是重点区域和重点流域农业生态环境治理。在黄河流域，黄淮海平原、汾渭平原、河套灌区是农产品主产区，粮食和肉类产量占全国1/3左右。习近平总书记多次就黄河流域生态保护和高质量发展展开调研，强调"四水四定"原则，全面提升水资源集约节约利用水平。长江中下游沿线地区是我国的粮仓，也是农业面源污染最为严重的地区之一。长江流域要按照总书记"共抓大保护、不搞大开发"的要求，扎实做好长江10年禁渔工作，积极开展生态产品价值实现试点示范，为全国农业绿色发展作出表率。

六是以种养结合为手段发展循环农业。种养结合是种植业和养殖业紧密衔接的生态农业模式，加快推动种养结合循环农业发展，是提高农业资源利用效率、保护农业生态环境、促进农业绿色发展的重要举措。面向"十四五"时期和2035年远景目标，可进一步结合区域特点，强化标准化饲草基地、标准化养殖场三改两分、畜禽粪便循环利用、农作物秸秆综合利用等项目建设，促进农业循环、健康发展。

结束语

中国是一个农业大国，实现农业可持续发展不仅关系到中华民族永续发展，也是实现联合国可持续发展目标、共建人类命运共同体的必然举措。中国共产党坚持把实现农业可持续发展作为"三农"工作的重要一环，为推进世界可持续发展进程贡献了中国智慧与中国方案。在不同的历史阶段，党推进"三农"工作有不同任务，对农业绿色发展的认识不断深化，农业绿色发展的重心伴随着中国社会主要矛盾变化而不断调整，并且取得了举世瞩目的成就。归根结底，我们坚持了党对"三农"工作的全面领导、坚持了以人民为中心的发展理念、坚持了胸怀天下不断推动构建人类命运共同体。这是中国农业可持续发展取得成功的根本经验。

在两个百年交汇之际，中国开启迈向下一个百年目标的新征程。多年来形成的基本历史经验，既是其他发展中国家可资借鉴的中国智慧和中国经验，也是中国在下一个百年奋斗目标中应长期坚持的基本原则。其中，最为根本的一条经验是坚持党对"三农"工作的领导。只有坚持党的领导，我们才能在纷繁复杂的内外部形势中保持战略定力，在农业可持续发展的道路上行稳致远。

"精准"

——摆脱贫困和乡村振兴的重要思想方法

刘 艳 安 可 高苏薇[*]

在《摆脱贫困》一书中,习近平同志针对闽东地区"老、少、边、岛、贫"的现实情况,提出了"因地制宜、分类指导、量力而行、尽力而为、注重效益"的脱贫致富指导思想,这也成为党的十八大后习近平同志提出的脱贫攻坚要"实事求是、因地制宜、分类指导、精准扶贫"重要指导思想的最初来源。"精准扶贫方略"也成为打赢中国脱贫攻坚战的制胜法宝。

实践证明,"精准"体现了对中国国情和事物发展的规律性认识,与实事求是的思想路线一脉相承。"精准"意味着更加准确、深入、具体、务实,是实事求是思想在新时代的新发展。乡村振兴战略是我国实现农业农村现代化、全面建成社会主义现代化强国的关键战略,是脱贫攻坚后"三农"领域的重大工作部署,而"精准"必将成为推进乡村振兴战略实施的重要思想方法和工作方法。

一、乡村振兴的"精准"在于解决振兴谁、怎么振兴问题

在脱贫攻坚战中,"精准脱贫"就是按照脱贫攻坚目标的总体要

---

[*] 刘艳:宁波大学中国乡村政策与实践研究院研究员,院长。安可:宁波大学中国乡村政策与实践研究院助理研究员,博士。高苏薇:宁波大学中国乡村政策与实践研究院助理研究员,博士。

求，具体解决扶持谁、谁来扶、怎么扶、如何稳等问题，并通过精准识别、建档立卡、区分类别、靶向施策、跟踪监测等一整套科学、高效运行机制和操作流程，确保脱贫攻坚各项工作的针对性和整体效能。同样，"精准"思想运用在推进乡村振兴战略的各项工作实践中，首要的就是要厘清振兴谁、怎么振兴两大问题。

振兴谁？目前的乡村振兴工作，大都是各地按照中央乡村振兴战略的总体部署，制订本级的乡村振兴规划，从乡村产业振兴、人才振兴、文化振兴、生态振兴、组织振兴这"五个振兴"方面，自上而下制订具体实施内容、工作措施，落实相应的项目和资金，分解各相关党政部门的任务和职责。这种方式在确保乡村振兴各项工作、各个部门权责落实的同时，忽略了每一个乡镇、每一个村的不同特点和整体效能，形成了政策的碎片化，甚至出现面向乡村的任务和项目不符合村庄实际需求等问题。要认识到乡村振兴，振兴的是乡村，最终落脚点是一个个兼具生产、生活、生态特点的村庄，如果说精准扶贫能够精准到为8000多万贫困人口建档立卡，乡村振兴应该精准到全国60多万个行政村，摸清每个村的底数、短板，为每个村量身打造符合其实际需求的振兴规划。抓住了村庄，也就抓住了乡村振兴工作的核心。

怎么振兴？党的十九大后，各地、各行业在乡村振兴工作具体操作中，创造了很多经验和作法，但显示度比较高或者争相上马的，就是挖掘村庄自然、文化、历史和特色优势资源，发展乡村休闲旅游产业，很多地方将其作为乡村振兴的典型模板加以宣传推广。显然，仅以此作为乡村振兴的重要抓手，实际上是走进了乡村振兴的误区，因为乡村振兴落脚到村庄，是村庄治理、乡村产业、乡土社会、乡村文化和生态环境"五位一体"的推进。从我们近3年连续对全国近百个村庄的乡村产业、乡村治理、乡村公共设施建设、乡村环境、乡村文体、村集体经济等多项指标内容调研结果看，村庄之间在不同区域差异非常明显，甚至同一区域内不同村庄的差异也非常显著。即使在浙江省这样的发达地区，仅仅从村集体收入一个指标看，有的村上亿，有的上千万、上百万，有的只有几万，差异巨大，因此村庄治理也呈现出不同状态和不同发育程度。如果说脱贫攻坚的精准在于通过区分类别、靶向施策，乡村振兴则需要立足于一个个村庄发展的现实基础，按照乡村振兴的"五位一体"目标，分类实施、分项实施。

二、乡村振兴要立足于村庄差异化的现实，精准施策

近3年来，我们连续对全国近百个村展开了深度调研，最明显的感觉是村庄发展的差异化。经过70多年的建设，特别是改革开放40多年来，乡村先后经历了包产到户、乡镇企业大发展、劳动力转移、农业产业化、土地流转、工商资本下乡、电商进驻、互联网、城镇化、脱贫攻坚等几大进程的多重洗礼与演化，已经发生历史性变迁，当下的村庄在实际状态、发展内容、发展程度和未来发展前景等方面，都表现出明显分化和差异。从乡村振兴"五位一体"的整体角度看，不同发育程度的村庄对乡村振兴工作的重点需求也不一样，应该立足村庄的差异化，"精准"施策。

1. 已经工业化而且完成了美丽宜居建设的村庄。这类村庄在江浙地区较多。得益于该地区改革开放初期建立的乡镇企业和民营企业，经过几十年的发展和市场淘沙，存活下来的村办集体企业非常强，本村青壮年劳力基本上都是这些企业的职工。如浙江奉化的滕头村，全村社会生产总值近100亿元，利税10亿元，村民人均纯收入6.5万元。该村作为中国美丽乡村建设的样板村，获得了全国文明村、国家生态旅游示范区等称号。按通常理解，这类村庄已经实现了乡村振兴的主要目标，乡村振兴工作重点是以维护公平正义为核心的村庄治理能力和治理体系的现代化建设。

2. 已经城镇化且村民以生产生活服务业为主的村庄。这类村庄有

的地处城关镇郊区，背靠城市发展；有的虽然不在郊区，但临近建有批发市场、专业市场、商贸物流发达的城镇，村庄和村民靠为商户提供厂房出租、住宿和餐饮等获得收入。如浙江余姚的胜一村，陆续有中国轻工模具城、五金城等落户此地，村民利用自家房屋建成仓库出租给模具城和五金城的商户，同时为往来的企业家洽谈业务提供餐饮、住宿服务，建休闲公园等等。这类村庄有经济基础，与城市发展几乎同步，村民有稳定的收入来源，乡村振兴中资金难题已经解决。但这类村庄有大量的外来务工人员居住和生活，因此乡村振兴的工作重点是以健康和谐生活为核心的村庄文明建设，以环境优美为核心的宜居村庄建设。

3. 本村的资源丰富且得到市场化开发利用的村庄。这类一般有山、水、林、田、湖资源，或者有历史、有民族特色等资源的村庄，通过发展乡村旅游、养老度假、研学、体育、养生、民宿等文旅休闲产业，使得乡村生态文化产品得到大力开发（已经成为除农产品外增长潜力最大的乡村新兴产业），村庄的基础设施、公共环境同时得到了全面建设和改善。村民通过提供住宿、餐饮、环境服务等获得收入，真正实现了"绿水青山就是金山银山"。这类村庄在浙江也有很多，如安吉的鲁家村、淳安的下姜村等等。可以说这类村庄已经找到了发展的路子，乡村振兴的基本架构已经形成，因此乡村振兴的工作重点是不断提高创新水平，扩大休闲文旅产品开发，做好城乡融合发展。

4. 本村的特色农业产业实现一、二、三产业融合的村庄。这类村庄以种植某一特色蔬菜或果树为主，并围绕这个特色产业形成了种植、采摘、储藏、加工、物流、销售和观光旅游全产业链融合，科技和文化含量较高，村民靠种植就能获得较好收入。如浙江浦江的横山村，以葡萄产业为引领，形成了一、二、三产业融合，高新技术为支撑的葡萄产业链和产业集群，仅葡萄产业全村人均收入就能达到3万元以上。这类依靠挖掘农业产业潜力走乡村振兴之路的村庄，非常具有乡村的典型性。这类村庄的乡村振兴重点是拓展乡村特色产业链和产业集群，做好新技术新装备培训，夯实特色产业稳定发展的基础。

5. 以粮食等大田作物种植为主的村庄。这类村庄大都地处东北、华北和中西部等地区，是我国粮食主产区，担负着保障国家粮食安全的重任。但由于粮食等大宗农产品作为民生的基础产品，加之村庄的土地规模有限，粮食的产业链又短，村民从粮食种植中获得的收入普遍不高，青壮年劳力大多外出务工，村庄没有其他可挖掘的资源，村集体基本没有收入。这类村庄在推进乡村振兴中，普遍缺少资金、缺少人才、缺少对外信息渠道，活力不足，是乡村振兴中的重点和难点村庄，也是村庄类型的大多数。这类村庄的乡村振兴工作重点，应考虑主要以政府财政投入为主，帮助村庄完成基础设施建设、提高社会保障水平、提供基本公共服务和民生保障，为村庄全面振兴打好基础。

6. 无人居住或基本空心的村庄。这类村庄大多是自然村，我们调研发现，一个行政村一般有10~15个自然村，约2/3已经无人居住，或者只有几户老人居住。近年各地政府对这类自然村进行了撤并，或者以招商引资方式，将无人村用于乡村旅游和民宿开发。

以上是我们基于江浙等地调研，对村庄的乡村振兴基础和重点的简单粗分。西北农林科技大学也曾在西北地区做过类似的调研，调研以乡村产业为核心，将西北乡村划分为生态保护型、粮食主导型、特种作物型、果蔬园林型、城郊结合型、文化传承型、乡村工业型、草原牧场型、畜禽养殖型、乡村旅游型、多元发展型。由此看出，虽然东西区域发达程度不同，但村庄的差异化已是事实。

三、乡村振兴须因村施策、一村一策

调研中我们就本地区乡村振兴工作推进中存在的问题，对各村村支书进行了深度访谈。村支书们普遍感觉到，各部门、各行业、各机构、各单位把乡村振兴作为重点工作，但千条线一根接一根地下来，要么缺乏有效的统筹协调，相互重叠甚至"打架"，要么一刀切，缺乏对乡村发展程度和发展状态的精准把握，政策措施与村庄实际需求对不上。因此，为保证乡村振兴政策落地的效率和效果，应继续以脱贫攻坚中创造出来的"精准扶贫"思想为指引，针对 60 多万个行政村精准施策。

1. 摸清底数。以乡村振兴战略的各项工作内容为指标要求，对 60 多万个行政村的村庄产业、生态环境、社会发展、乡村文化、治理程度和人才、组织建设等方面进行全面摸底，细化各类指标，进行综合分析和发展程度评估，以此作为未来政府和社会各界开展乡村振兴的施策基础。建议由国家或各地乡村振兴局牵头统筹，各部门根据职能细化指标，并由乡村振兴局根据摸底情况，对每个村建档立卡。

2. 因村施策，一村一策。在深入摸底建档立卡的基础上，乡村振兴局牵头发布每个村庄在产业发展、生态环境、社会发展、乡村治理、乡村文化和乡村人才方面的需求清单，引导各部门有针对性地制订和落实政策，准确投放项目，同时也引导社会各界精准支持乡村振兴。因村施策，一村一策，既防止政策"漫灌"交叉重复，也减少政策空白和盲点，既防止各部门各机构好心乱作为，搞形式主义，也为村干部和基层人员减负，让基层清楚自己该做什么，把更多精力投到真正要做的事情上去。

农民合作社发展与相对贫困治理协同推进机制构建：理论逻辑与实践路径

赵晓峰　康宇兰[*]

一、引言

2021年中央一号文件指出，在绝对贫困向相对贫困转型过渡阶段，设立衔接过渡期，逐步实现由集中资源支持脱贫攻坚向全面推进乡村振兴平稳过渡。在治理绝对贫困阶段，农民合作社作为社会扶贫的重要组织载体，发挥着关键作用。首先，合作社基于熟人社会的组织机制和运行逻辑，能够准确识别贫困户，有效解决"扶持谁"的问题。其次，合作组织的益贫性，使其可以承担扶持主体的角色，从而化解"谁来扶"的难题。最后，合作社通过接承接国家资源并将其转化为贫困户入社股份使个体能够获得相应的股份分红，在具体操作层面解决"怎么扶"的难题。

随着经济社会发展，农民群体内部出现分化，这使合作社成员结构日益复杂。为此，学界形成了两种分析思路：一种研究思路认为成员异质性使集体内部产生了类型多样的利益诉求，推动着合作社不断拓展业务种类和服务范围，呈现出综合化发展趋势。另一种研究思路

---

[*] 赵晓峰：西北农林科技大学人文社会发展学院教授。康宇兰：西北农林科技大学人文社会发展学院硕士研究生。

认为社员分化意味着个体间的资源禀赋与行动能力存在较大差异，导致系统内部出现风险分担与盈余分配不均衡问题，进而衍生出"大农吃小农"的发展困境，使合作社发展遭遇障碍。当前，合作社综合化发展与小农户利益受损现象并存，这使创新组织发展机制、完善组织治理结构，帮助合作社摆脱发展困境成为学界关注的焦点问题。

随着治理绝对贫困任务的基本完成，治理相对贫困成为农村反贫困工作的新重心。阿玛蒂亚·森的能力贫困理论认为，贫困是个体可行性能力被剥夺导致的，而不仅是收入低下造成的。所谓可行性能力是指个体可以选择其生活方式的自由，各种社会福利的缺失使个体失去了选择生活方式的自由权利，因此社会福利的不足既是致贫原因，也是贫困的表现。从这一研究视角出发，相对贫困具有多维性，包括发展机会缺失导致的权利贫困、教育资源供给不足导致的文化贫困、公共服务及公共物品供给不足导致的能力贫困都是相对贫困的表现形式。这意味着贫困治理从单一的物质贫困治理转变为多维贫困治理，治理目标从促进贫困人口"增收"转变为强调人的"发展"。如何加强生产、生活、消费、文化等方面的服务能力建设，提升相对贫困群体的发展能力，满足其自由选择生活方式的权利是治理相对贫困的重要内容。基于此，笔者认为农民合作社发展与相对贫困治理具有内在的理论自洽性，通过构建二者协同发展机制，既可以有效促进相对贫困问题的解决，又能够促进农民合作社的综合化发展。

二、农民合作社发展与相对贫困治理协同推进的理论契合点

在合作社发展中，普通社员没有入股或股份占比太低造成强势社员能够凭借其经济实力和社会资本优势，占有、挪用、操控国家惠农项目和财政补贴，谋取个人私利，侵害弱势小农利益。所以，精准扶

贫政策以农民合作社为平台，将大量的扶贫资金以折价入股的方式量化成贫困人口持有的股权，可以有效增加以贫困户为代表的普通社员的股份占比，从而增强小农户自身发展实力，完善合作社的产权结构，解决组织治理结构异化问题。因此，在绝对贫困治理时期，农民合作社与精准扶贫协同发展的理论契合点在股权结构上。随着国家扶贫政策的实施，大量的财政资金持续性地向贫困地区和贫困群体转移，使地方政府面临财务空虚等问题。同时，与绝对贫困人口相比，相对贫困人口基数更大，覆盖范围更广，需要更多人、财、物的投入。由此，通过继续发挥合作社的组织资源优势，助力相对贫困治理，可以有效减轻地方政府的财政负担。

目前，农民合作社通过不同主体的横向联合与产业链上的纵向延伸使其服务业务不断增加、服务范围不断拓展、综合化的发展趋势不断增强。产供销三位一体合作社作为合作组织综合化发展的主要表现形式之一，在实践探索中出现了很多典型案例。在浙江瑞安，地方政府积极支持合作银行、供销联社和农民专业合作社自愿联合，组建农协。通过在农协内部设置信用、供销、科技等部门，各种不同的社会资源得到整合。在金融贷款方面，农村合作银行依托农协的信用部门开展信用评级、小组限额联保等业务，使小农户能够顺利贷款；在农产品销售领域，瑞安市通过大力推广使用"瑞农协"等集体商标，打造本地区的专属品牌，发挥品牌效应，并依托供销社加强产品的物流配送、质量控制和售后服务，促进专业合作社农产品与超市及农贸市场实现对接销售；在农资供应领域，农协供销部门组织开展多项农资团购，依托供销社的网络优势将农资连锁配送网络逐步延伸至专业合作社，为广大农民提供来源可靠、价格实惠的农资。此外，瑞安农协大力引导专业合作社纵向延伸，为基层合作社嫁接金融、流通、科技、社会服务等功能。

农民合作社综合化发展所提供的社会化服务，可以有效解决相对贫困治理难题。在多维贫困理论视野下，贫困内涵超出了收入不足的范围，涉及健康和营养状况不良、受教育水平和技能较低、生计手段缺乏、居住条件恶劣、社会排斥以及社会参与缺乏等诸多方面。完全依靠政府力量治理相对贫困，容易出现"政府失灵"现象，即在扶贫资源的使用过程中，受信息不对称、监督机制不健全和致贫因素复杂等多重因素的影响，公共资源无法进行合理分配，出现贪污腐败、形式主义、数字脱贫和优亲厚友等现象，使贫困人口无法精准识别。同时，国家扶贫政策以照顾多数人利益为前提，无法达到多样化和精细化的水准，而其非营利性也使之无法向相对贫困人口提供生产性服务，满足相对贫困治理的多元化需求。另外，政府在扶贫过程中的过度介入容易使贫困人口产生"等靠要"思想，扶贫政策和项目的层层分解也使扶贫项目碎片化，不能形成整体效益。合作社参与相对贫困治理可以提供精细化、持续性、系统性的社会服务，解决贫困户各种生产生活难题。首先，合作社通过产前集中采购基础性农业生产资料，可以有效降低个体农户购买成本、保证农产品质量。其次，合作社通过打通生产与销售环节，可以实现生产者与消费者的双向互动与交流，从而减少小农户生产的盲目性，降低其市场风险。最后，合作组织功能的不断拓展使其除了可以帮助社员进行农业生产外，还可以为农民提供物质、文化、生活等其他公共服务。如合作社与金融机构的联合可以拓展组织的融资渠道，使其为社员提供更多的贷款资金；合作社与社区的联合，可以增加组织的社会服务功能，弥补农村社区公共服务供给的不足。进而，通过这些公共资源的供给，贫困人口在生产、消费、日常生活等方面的可持续发展能力得到增强，有助于帮助其突破贫困枷锁，走上致富道路。

此外，合作社综合化发展所产生的多样化扶贫功能与国家贫困治理政策的调整相契合。针对目前的贫困形势，政府实行分层分类帮扶，对有劳动能力的农村低收入人口，坚持开发式帮扶，帮助其提高内生发展能力，发展产业、帮助就业，使其依靠双手勤劳致富。对脱贫人口中丧失劳动能力且无法通过产业就业获得稳定收入的人口，以现有社会保障体系为基础,由政府进行兜底保障。农民合作社通过提供外部帮扶可以提升贫困户可持续发展能力,以激发个体内生动力的策略使其嵌入新一阶段的国家扶贫战略中,汲取各类资源,拓展更大的发展空间。

如今,农民合作社开始在各个领域展开联合,如生产和销售领域的合作、金融和保险领域的合作以及文化领域的合作,还有一些合作社在综合合作的基础上发展出更高层次的联合体和联合社。借助相对贫困治理的参与,合作社的综合化发展趋势进一步加快。由于相对贫困群体内部存在着多元化的需求,为了满足这部分群体的诉求,合作组织必须通过联合与合作拓展其业务,从而为综合化发展注入新的外部推动力。

综上所述,农民合作社综合化发展能从多方面帮扶相对贫困人口,而通过参与相对贫困治理,又能进一步促进合作社的高质量发展,二者具有协同发展的理论契合性。

三、农民合作社发展:
助力相对贫困治理长效机制建设

农民合作社具有嵌入地方社会文化网络的发展特征,这使其能够熟悉相对贫困群体的基本情况,因人制宜提供精准帮扶措施。具体来讲,农民合作社的综合化发展可以为相对贫困治理提供以下几个方面的帮扶措施:

(一)完善资产收益扶贫机制

资产收益扶贫是指合作社借助产业优势与国家专项扶贫资金对接,将财政资金、其他涉农资金和农户自身拥有的资产以优先股的方式量化给贫困户，使贫困户获得更多的资产性收益的一种扶贫方式。得益于国家各类帮扶政策形成的合力，这种扶贫机制日趋完善，能够使贫困户从多个渠道获得经济收益，包括贫困户的股份所形成的具有保底作用的股金分红，当地产业的繁荣发展使个人股份产生的二次返利，扶贫公益岗位提供的工资性收入和家庭农业或手工业产生的经营性收入等。随着资产收益扶贫对产业类型和资金类型的容纳性增强，相对贫困人口的入股资本选择范围也更为开阔，这使其能够享受到更多的股份分红，促进个人资产积累，优化家庭收入结构。

除此以外，资产收益扶贫还可以通过将相对贫困群体的资产进行重新配置，提高家庭资源使用效率。由于能力欠缺、资本不足导致个体无法借助当地自然环境优势，充分开发自有资源。资产收益扶贫通过将财政资金资本化，弥补贫困人口发展的资金短板，并依托合作社将私人拥有的土地、劳动力等资源整合到村集体资源中，盘活相对贫困群体的各种资源要素并形成资源叠加效应，使资源得到高效的开发和利用，稳定持续增加相对贫困群体的经济收入。由此，相对贫困群体与乡村能人、社会资本有机融合，通过参与乡村产业发展，分享改革成果，脱离贫困状态。

（二）发展合作社互助养老

综合全国各地的情况来看，发展合作养老解决贫困老人和贫困家庭的养老问题逐渐成为农民合作社综合化发展的新方向。有学者通过实地调查发现了4种较为典型的合作养老模式。第一种是以土地流转换养老服务的模式。以湖北某合作社为例，该社利用空闲房屋，为农村老人提供了一个公共的养老场所。该场所不仅建有食堂、卧室等基础性公共设施，满足老年人就餐、住宿等需求，还为老人入住的房间配备空调、电视、洗衣机、热水器等生活设施，以方便其生活。同时，合作社考虑到一些老年人行动不便，聘请专业培训过的当地妇女为老人提供基本的生活照料。此外，合作社还建有棋牌间、阅览室、卡拉OK厅、放映室等公共休闲场所来丰富老年人精神生活。而农村贫困老人只需要将其土地流转给合作社，依靠土地所产生的承包收益便可以获得上述养老服务。第二种是以生产就业换养老福利的模式。以江苏某合作社为代表，该社针对有一定自养能力的贫困老人，为其提供一些合适的就业岗位，如分拣蔬菜，包装农产品等工作，让这些老人获得一定的经济收入来满足自身对于衣、食、住、行、医的需求，提高自身的养老保障水平，减少对子女的经济依赖。此外，入社老人通过参与劳动与同龄人进行交流互动，也能重新找到"生活的意义"。第三种是以资金互助激活养老资源的模式。以河南某合作社为代表，该组织通过赋予入社老人监督资金流向和为村民做担保的权利，营造敬老、爱老的社会风气，进而发挥农村社会舆论的力量督促贫困老人的子女承担赡养老人的义务以解决农村老人无人赡养的问题。第四种是以养老福利换社员支持的模式。以河北某合作社为代表，其为了争取社员支持将养老业务与入社资格相关联，社员入社便可以享受到或使其父母享受到合作社提供的养老服务。

这些实践探索契合了农村社会的发展需求。随着传统孝道观念日渐淡薄、农村人口老龄化趋势日益严重以及农村青壮年劳动力不断外流，传统"反哺"式循环的家庭养老模式难以维系。同时，计划生育导致的少子化、教育成本逐渐扩大化和老人医疗费用不断增加使中青年农民的经济负担较重。通过土地流转、参与就业、资金互助和社员支持等换取养老服务不仅可以满足农村贫困老年人在物质供给、身体照料以及精神慰藉等方面的养老需求，还可以减少农村贫困家庭在养老方面的支出，缓解家庭经济负担，最终实现贫困户有效脱贫。

（三）发展生产性服务业

生产性服务是指贯穿农业生产作业链条，直接完成或协助完成农业产前、产中、产后各环节作业的社会化服务。这种产业链上的纵向延伸使农民合作能够满足以留守老人和留守妇女为主体的农业生产经营人群对农业社会化服务的需求。随着青壮年劳动力流失，以老人和妇女为主的家庭农业生产面临劳动力不足的困境。而且，传统小农生产模式对体力、精力等要求较高，女性群体和老年人受自身生理机能和体能的限制，无法承担长时段以重体力劳动为基础的农业生产，这使得重体力劳动力短缺问题更加突出。同时，传统性别分工导致女性对于农业生产技术掌握较少，而留守老人的生产知识也没有及时进行更新，这使其一旦遇到病虫害等农业技术难题，将会面临严重的农业亏损。另外，购买生产资料过程中的品类选择、货物搬运和卸载等技术难题和劳动者体能困难也成为这部分群体进行农业生产活动的重要障碍。而传统的农业生产困境如基础设施不健全、生产资料价格高和农产品销售价格低等问题也会加剧相对贫困群体的脱贫难度。

合作社发展生产性服务业可以有效解决农业生产经营主体老龄化和女性化的发展困境。在农业管理方面，合作社在农业种植过程中提供的种子、化肥、农药、农机具等农业生产资料采购服务和送货上门服务可以使贫困群体避免直接进行农业用品的选择、运输、卸载等困难，同时也解决了分散农户购买农产品的高成本问题。合作社在生产中提供的土壤改良、土地翻耕、无人机播种、机器收割等机械化服务，可以减少农业生产对人力的依赖，提高劳动生产效率，避免重体力劳作对个体身体的透支。在产后提供农产品运输、销售等服务，使小农业生产与大市场直接对接，减少市场波动导致的农产品滞销困境，为相对贫困群体提供稳定的收入保障。在农业技术方面，合作社开展的选种育种、土地平整、化肥农药的使用等各种生产技术培训和指导服务能够有效帮助妇女和老人及时了解、掌握、应用最新农业技术，解决农业经营难题，降低农户的技术风险。在农业信息方面，合作社提供的市场变化讯息和国家政策解读可以增加个体信息来源，促进其及时调整农业生产安排或农作物种植结构，减少家庭生产损失。

（四）发展社区性服务业

社区服务是指在政府扶持和社会资助下，由社区居民自行组织，以满足全体居民物质和精神生活需要为目的的非营利性、福利性、公益性社会公共服务。随着中国工业化与市场化的推进，农村地区工业和商业的发展不能完全满足农民生产、生活需求，因此，为农民提供公共服务的平台急需建立。而合作社综合化发展使其功能不断拓展，能够提供社区性服务，满足个体的各种生活需求。

首先，在生产服务方面，合作社农机维修队的组建和小型农机租用店的创办可以为贫困户提供低价的农业机械维修和租用服务，同时，电商知识教育等课程的开设也为社员学习现代化网络技术，利用淘宝网店、网络直播等形式售卖农产品提供平台。其次，在生活服务方面，合作社批量采购日用品，获取优惠价格，开设社区超市可以为相对贫困人口提供就近的生活用品选购服务，节约家庭开支，降低生活成本，增加经济储蓄。而且，合作组织还组建一些日托班，开展贫困户优惠活动，为贫困家庭提供儿童照料服务，为农村高龄贫困老人提供免费早餐和理发优惠等社会服务以及发放米面油等节日福利，提高其生活水准。此外，各系统和单位也借助合作社进行"下乡"服务，包括开展劳动就业服务、组织志愿者服务队伍，面向社区内特殊群体，提供相关公益服务、加强普惠性法制宣传教育、群众性文化教育、科普活动和进行好青年、好媳妇、好婆婆评选等，满足不同职业群体的需求，丰富社区居民的日常生活。最后，在环境维护方面，农民生活水平的不断提高使其对自己生活区域内的环境卫生提出更高的要求，但受农民传统公私观念和乡村公共性消解的影响，农村地区的公共卫生清洁成为问题。合作社通过集体出资购买清扫工具并聘请保洁员负责社区公共卫生的打扫、居民生活垃圾的回收和公用垃圾桶的倾倒等，可以为社区居民提供一个干净整齐的生活环境，满足贫困户对人居环境改造的需求。

（五）为相对贫困群体赋权增能

造成贫困的一个重要原因是个体内生动力不足。由于经济资本匮乏，贫困人口为了维持家庭再生产，长期处于低水平的均衡状态，这导致个体产生自卑、封闭、惧怕风险、畏惧竞争等心理特征，并固化成为一种特定的心智模式，影响主体行为，使其行动表现出保守不愿意承担风险、倾向于眼前利益进行短期投资、缺乏对市场的理性判断，盲目跟风等特征，当个体失去外在帮扶政策后，这种行为模式很容易使其再次陷入贫困，甚至导致贫困的代际传递。农民合作社通过各种激励手段，可以提升贫困户的自我认知能力、改变个体思维习惯、激发主体内生动力，包括：通过资产经营赋权推动个体主动学习生产经营知识，提高其洞察能力和前瞻性，进而培育出市场意识、推动个体向现代经营者过渡；通过各种农业社会化服务将贫困户从繁重的农业劳作中解放出来，使其拥有闲暇时间接触外界、进行独立思考，逐步改变自身短视行为，意识到对教育等人力资本进行投资和对社会资本进行积累的重要性，从而增加其对发展性消费的投入，有效阻断贫困的代际传递；通过经济资本赋权使相对贫困人口敢于尝试一些理性的风险投资和长期性投资，为家庭的可持续发展积累更多的资本等。另外，个体所处的社会结构限制使贫困户仅靠个人力量无法摆脱贫困，借助合作社综合化发展所形成的社会支持网络，相对贫困群体的自身经营管理能力得以提升，有能力挣脱外界环境束缚并重新焕发对生活的热情，最终通过扶贫扶志扶智的结合，使贫困人口实现有效脱贫。

四、治理相对贫困：助推农民合作社嵌入式高质量发展

农民合作社能够促进相对贫困治理目标的实现，同时，相对贫困治理也为农民合作社的高质量发展提供新机遇。

（一）壮大合作社资金实力

农民合作社的资金主要来源于入社农户、金融贷款和国家项目。一方面，以一家一户为单位的小农生产模式使农民收入偏低。另一方面，合作组织还贷能力相对较低且涉农贷款风险系数较高等因素使其难以成为金融机构的优先贷款对象。另外，贫困地区自然资源匮乏、发展落后导致合作社无法依托地方优势申请国家项目面临资金匮乏难题，而通过参与扶贫工作可以为合作组织资金积累提供多个渠道。

在申请国家项目方面，政府为了帮助贫困地区发展设置了很多扶贫项目和专项扶贫资金，合作社依托相对贫困治理可以打破地方经济和社会发展限制，申请到一定数量的国家财政补贴以填补其资金空缺，实现组织发展目标。同时，产业扶贫、旅游扶贫、金融扶贫等扶贫方式还可以促进合作社进一步嵌入地方经济和社会发展中，与包括村委会、供销社、信用社等在内的涉农组织和村民建立良好的社会往来关系，形成独特的地方社会关系网络，借助乡村社会的人情往来和非正式互动，获得村民的社会支持和村民委员会的组织支持，打通融资渠道、形成独特的市场竞争优势，维持组织低成本、高效运转。在筹集资金方面，众多贫困户加入合作社所带来的入社资金和资源增加了组织资金储量，丰富了合作社经济资本。而农民合作社规模的日益壮大使其实力增强，可以吸引到部分金融贷款，拓宽其融资渠道。在资金管理方面，国家对合作社的检查和监管力度随着扶贫工作和扶贫

资金的不断下沉逐渐增强，为了应对上级部门的定期考核和检查，合作社账目支出逐渐透明化、管理人员的财务行为愈加正规化，组织管理方式日渐制度化，从而使资金腐败问题得到缓解，合作社的资金实力得以壮大，发展潜力进一步增强。

（二）合作社成为发展现代农业的组织载体

土地托管是指农户在保留土地承包权、经营权和收益权的基础上将土地交给社会组织，由其对土地进行管理的一种服务方式。土地托管有三类形式，第一种是提供产前、产中、产后"一条龙"服务的全托管模式，第二种是社会组织有偿提供劳务、技术、农资等部分服务的半托管模式，第三种是仅提供农资方面的服务代管。灵活的服务模式可以满足不同类型务农者的需求，使其与现代农业对接，促进个体向现代化农业生产经营主体转变。

首先，土地是相对贫困人口维持生产生活的一道重要保障，贫困户一方面由于外出务工、务农时间紧张难以从事农业生产，另一方面，考虑到土地流转过程中的产权界定问题和土地流转合约的长期性对贫困户家庭生计的影响，不愿意将土地承包给他人或社会组织，导致一部分资源被闲置。合作社提供的土地托管服务既可以在保障农民土地权益的前提下，管理闲置耕地，使贫困户获得农业经济收益，增加家庭收入来源，又使土地集中连片耕种，推动农业规模化发展。其次，相对贫困人口由于经济资本薄弱，无法承担高额的农业机械购买费用和投入较高成本选用优质的农业生产资料，通常倾向于投入大量的人力和时间进行农业生产，导致生产效率低下，经济收益不高。合作组织为托管农户提供的农机服务可以推动工业化设备对传统人力畜力以及手工工具的代替，使小农生产与现代化生产资料有机结合，促使农业生产实现机械化。最后，相对贫困人口生产经营能力有限，无法及时对产品进行更新换代或采用最新农业技术生产优质农产品，因此其提供的农产品在同类产品竞争中常常处于劣势地位，加之个体介入市场能力不强，难以开拓新的销售渠道，常常被中间商压价，赔本销售。合作社通过代管服务集中生产和提供统一的农业技术指导，形成标准化生产，发展出产供销一体化的生产经营模式，减少中间环节，在增加贫困户利润的同时也推动最新科技成果的传播、推广和使用，使农业生产科技化和农业生产标准化。由此，在以承包农户为主的家庭经营基础之上形成规模化、机械化、标准化和科技化的现代农业生产模式，使合作社成为引领贫困户走向现代农业的有效组织载体。

（三）开发合作社人力资源

农业受自然环境因素影响较大，面对气象灾害，以单一务农为主的贫困家庭抵抗风险能力较弱。为了维持家庭的可持续发展，很多贫困家庭采取务工、创业等多样化就业方式，并衍生出以年轻人外出打工，老人在村务农的家庭合力生存策略，这导致大量的村庄精英外流，加入合作社的大部分农户受教育水平偏低、人力资本薄弱、对农业技术缺乏了解、对市场变化敏锐度不高，使农民合作社发展陷入人才困境。

产业扶贫提供的农业和非农就业以及创业机会促使农村年轻人在本地就业，减少青壮年人口外流，而青年人敢于冒险、接受和学习新事物速度较快等优势可以为合作社发展注入新活力，促进合作组织转型升级。同时，产业扶贫也对贫困人口的生活方式和思想观念产生影响。由于在参与乡村产业发展过程中，贫困户可以习得现代化的经营管理方式，提高自身素质，因此大部分社员的人力资本得到利用和开发。此外，乡村产业的繁荣发展对外部资本参与投资和本地精英参与管理的吸引，促使多元化的社会力量参与到当地经济发展之中，可以为合作社发展提供管理、销售等各类人才。另外，科技扶贫也为农村地区发展提供了大量的农业技术人才，利用其生产技术可以改善贫困地区生产落后和技术人员缺乏的局面，为合作社发展提供技术人才支撑。而教育扶贫通过各种财政补贴和政策引导可以提升农村地区贫困家庭子女的教育水平，促进家庭人力资本的累积，为合作社的可持续发展供应后备力量。

（四）增进政府与合作社的互信关系

农民合作社游离于市场机制失灵边缘的制度设计使其对政府规制和政府扶持具有天然的依赖性，这种组织发展特征使其一旦失去政府政策的指引或国家制度的支持，将会陷入发展颓势。相对贫困治理为调整农民合作社与政府的关系提供了有利的政治环境。由于相对贫困人口具有较强的异质性，因此需要先了解不同贫困群体的需求，进而才能提供与之诉求相契合的帮扶。如一些贫困家庭因缺乏劳动力从而在农业生产经营方面需要帮助，另一些家庭由于在养老和子女教育方面负担较重，因而需要社会性服务解决家庭照料问题，还有一些家庭由于人力资本匮乏从而陷入文化贫困，需要外部教育资源的支持。政府政策的普惠性特点使其难以提供有针对性的帮扶来满足贫困人口的差异性需求。

农民合作社的综合化发展使其可以针对贫困户的现实状况和贫困特点，提供适合的帮扶政策，弥补政府力量的不足，因此通过协助国家扶贫工作，合作社从缺乏自主性的社会组织变为与政府积极合作的伙伴。组织主体性地位的变化一方面扩大了合作社发展空间，加强了其综合化发展趋势，另一方面促进了其与政府信任关系的建立。随着合作社实力的日益增强以及与政府的关系越来越密切，其发展更为深入地嵌入国家政策设计与制度结构中，甚至开始充当政府与农民进行利益沟通的组织载体，充分发挥社会治理功能。

（五）促进合作社迈向新综合

随着国家资源向农村地区输送，参与合作社发展的力量越来越多元化，包括企业、民间机构等，其发展动机与主要依靠农业增收的专业农民具有较大的实践差异。同时，农民群体内部分化也使每个农村家庭耕种土地的数量、对农业收入的依赖程度、从事农业生产的成员家庭种植农作物的种类存在较大差别，因此在组织内部产生了多样化的利益诉求，这促使农民合作社的职能不断拓展，业务范围不断扩张。而贫困户为了享受其所需的社会化服务，开始与合作社进行频繁的业务往来，由于每次交易都受到相关规章制度的约束，因此逐渐对合作组织的制度规定产生认同，进而培养出社员对其所属组织的认同，产生现代意义上的契约信任或制度信任。同时，社会成员在参与实践时，会区别对待正式成员、非正式成员与普通村民，这种内群体与外群体的类别化区分意识有利于在组织内部建立起良好的人际信任，促进"大农"带"小农"机制的形成，使合作社内部构建起一个能够确保大多数农民收益权不受侵犯的新的合作制度框架，促进合作组织规模化和规范化发展。此外，组织内部信任关系的建立也促使贫困户的身份角色发生转变，从受助者变为组织中的一员，这种身份角色的转变使其对所在组织提出更高的发展要求，为了满足社员的要求，合作社开始向更高层次的综合合作迈进。

五、结论与讨论

综上所述，农民合作社发展与相对贫困治理具有内在的理论契合性，因此构建二者协同发展机制，可以促进双方实现合作共赢。相对贫困的复杂性和层次性使其呈现出多维贫困的特点，这导致新阶段的贫困治理需要对相对贫困人口提供多方面帮扶。与此同时，多元主体的参与深刻地影响农民合作社的发展。为了适应这种人员结构变化，合作组织开始走向联合与合作，这使其可以与政府、市场及其他社会主体建立有效联系并将各类主体力量内化，为其内部人员提供各种服务，满足组织成员的诸多诉求。因此，合作社的综合发展契合了相对贫困治理的需要。而贫困人口的异质性也会进一步促进合作组织的综合化发展。通过构建双方协同发展机制，一方面，相对贫困治理借助农民合作社提供的资产收益扶贫、合作社养老、生产性服务、社区性服务以及为个体赋权增能可以有效解决贫困户物质财富有限、生产生活不便和可持续发展能力欠缺等问题。另一方面，农民合作社依托相对贫困治理可以解决自身资金匮乏、人才稀缺等问题，并重新调整其与政府、社员的关系，实现自身高质量发展。

但在推动二者协同机制构建的同时，还应该注意以下三个方面：在贫困人口识别方面，要不断完善相对贫困人口认定标准，防止国家资源与贫困人口对接错位所导致的扶贫资源浪费、社会不公正等问题。在贫困人口扶持方面，政府应该加强对惠农资源的监督，防止一些牟利者滥用职权，贪污国家财政补贴。农民合作社在参与扶贫时，要处理好贫困户与普通社员的关系，加强相应的宣传教育工作，防止成员因福利分配产生内部纠纷，影响合作社的健康发展。村民自治组织等其他农村组织也要发挥社会功能、主动承担为相对贫困人口提供社会服务和公共物品供给的社会责任。贫困户应当主动参与精准扶贫，减少扶贫工作的推动困难。在贫困人口脱贫退贫方面，应当完善贫困人口退出机制，防范社会福利资源浪费。

宁德市巩固拓展脱贫攻坚成果同乡村振兴有效衔接研究

魏远竹　林俊杰　张　群[*]

2018 年，中共中央、国务院明确提出了"统筹推进脱贫攻坚与乡村振兴"的意见。随后的 2019—2021 年连续 3 年的中央一号文件中先后提出了"做好脱贫攻坚与乡村振兴的衔接""抓紧研究制定脱贫攻坚与实施乡村振兴战略有机衔接的意见""实现巩固拓展脱贫攻坚成果同乡村振兴有效衔接"等相关的意见。2022 年的中央一号文件，再次明确了巩固拓展脱贫攻坚成果同乡村振兴有效衔接的要求。由于脱贫地区存在经济脆弱性的问题，需要加大力气巩固和拓展脱贫攻坚成果。因此，做好巩固拓展脱贫攻坚成果并使之与乡村振兴有效衔接，将极大地推进乡村振兴战略的实施，对促进"三农"问题解决乃至实现共同富裕及全面建设社会主义现代化国家均具有重要的意义。

宁德市曾是典型的"老、少、边、岛、贫"地区，曾被列入全国集中连片特困地区，是南方典型的脱贫攻坚区域，且具备多民族聚居、沿海多山和革命老区等特点。习近平总书记在《摆脱贫困》中提及，闽东要"靠山吃山唱山歌，靠海吃海念海经"[②]。2019 年 8 月 4 日习近平总书记在给宁德市寿宁县下党乡乡亲们的回信中明确指出："希望乡亲们继续发扬滴水穿石的精神，坚定信心、埋头苦干、久久为功，持续巩固脱贫成果，积极建设美好家园，努力走出一条具

---

[*] 魏远竹：宁德师范学院校长，教授，博士生导师，闽东特色乡村振兴之路研究中心首席专家、基地主任。林俊杰：宁德师范学院讲师，博士。张群：宁德师范学院副教授，博士。

[②] 习近平：《摆脱贫困》，福建人民出版社 1992 年版，第 6 页。

有闽东特色的乡村振兴之路。"① 在此背景下,如何巩固拓展脱贫攻坚成果并使之与乡村振兴建立相应的衔接机制,就成为宁德市当前亟须解决的重要问题。基于此,本文在对宁德市在脱贫攻坚过程中所取得的主要成效进行归纳总结的基础上,深入探讨当前巩固拓展脱贫攻坚成果与乡村振兴有效衔接所面临的困境与挑战,并对两大战略之间实现有效衔接提出相应的对策建议。

一、宁德市脱贫攻坚与乡村振兴的主要成效

(一)各项脱贫任务全面完成

宁德市全面落实了"六到户、六到村、四到县"的"六六四"精准扶贫工作机制,精准识别确定全市建档立卡贫困对象2万户7.2万人。早在2019年底,全市6个省级扶贫开发工作重点县霞浦、古田、屏南、寿宁、周宁、柘荣就全部"摘帽",较好地完成了脱贫攻坚重任,主要实施了以下两项工程:一是实施脱贫攻坚质量提升工程。主要包括实施造福工程搬迁工作、实施医疗健康扶贫、实施文化教育扶贫以及改善乡村人居环境等4个方面内容。二是实施脱贫攻坚成果巩固工程。重点包括着力稳岗就业,培训农村贫困家庭劳动力1.06万人次,创建了150多个(家)扶贫就业基地和车间,帮助5600多人次建档立卡贫困户解决就业问题;夯实防贫保障,加快促进扶贫与农村低保两项制度衔接,开展精准监测,对651户脱贫不稳定对象和363户因疫情出现返贫风险对象进一步配强力量、强化帮扶,解除了返贫风险;强化基层组织,在全省率先实施"能人回引"工程和"乡村振兴

---

① 《人民日报》2019年8月7日第1版。

指导员"制度，为巩固拓展脱贫攻坚成果同乡村振兴有效衔接注入活力。

（二）闽东乡村振兴的各项工作稳步推进

2019年宁德市率先成立了乡村振兴办，并创新性地成立"五个振兴"工作专班，分别由党委或政府分管领导担任组长，以期全面推进包括"产业振兴、人才振兴、生态振兴、文化振兴和组织振兴"等在内的5个方面的振兴任务。具体包括以下内容：一是着力提升"五化"水平，推进乡村产业振兴。把产业振兴作为乡村振兴的头号工程，2021年宁德市农林牧渔业的总产值645.61亿元，比上一年增长了4.20%。其中渔业、茶叶、食用菌、水果、蔬菜、中药材、畜牧业、林竹花卉及乡村旅游等"8+1"特色农业产业呈现出稳中有增的基本态势。二是着力做好"四大工程"，扎实推进乡村人才振兴。主要实施了乡村人才集聚工程、素质提升工程、精准服务工程以及环境优化工程。其中乡村人才素质提升工程培训高素质农民5160人，"春潮行动"培训29023人，完成职业技能鉴定13676人、获证11098人，落实雨露计划补助对象1679人。三是深入践行"两山"理念，推进乡村生态振兴。坚持走绿色发展道路，推动农村人居环境质量全面提升，全市"绿盈乡村"累计占比达71.5%。注重保护与修复同步推进、整治与提升同步推进。农村人居环境整治三年行动目标任务全面完成，"一革命四行动"深入推进。四是着力实施"三篇文章"，扎实推进乡村文化振兴。深化"以文化人""以文惠民""以文兴业"：一是全国理论网宣基层经验交流会在宁德市成功举行，中央广播电视总台2020"我们的中国梦"文化进万家——"心连心"慰问演出活动在宁德市举办，并组织118支文艺小分队分赴乡村开展活动。二是重点加快推进文旅产业项目建设，福鼎市创新引入个性化文创服务，以创意、"互联网+"增加农业附加值。霞浦"摄影+民宿"、屏南"古民居+

民宿"等新模式新业态实现快速发展。三是着力强化一线核心,推进乡村组织振兴。一方面,筑牢基层组织保障,开展城乡党组织结对共建、百企结百村等活动;另一方面,推动力量下沉,实施"乡村振兴领航计划",组织600多名市县领导干部挂钩帮扶乡村,省市县三级共下派525名驻村第一书记,并创造性地实施乡村振兴指导员制度,努力打造具有闽东特色、共同富裕的乡村振兴新格局。

二、宁德市巩固拓展脱贫攻坚成果同乡村振兴有效衔接所面临的困境

为更好了解宁德市巩固拓展脱贫攻坚成果同乡村振兴有机衔接的情况,课题组深入宁德市农业农村局、蕉城区农业农村局、八都镇、九都镇等地开展实地调研工作,发现当前主要存在以下几个薄弱环节。

(一)体制机制不畅导致两大战略之间的协同程度相对较低

具体表现为:一是规划衔接不够顺畅。当前宁德市脱贫攻坚与乡村振兴战略之间还缺乏充分的统筹协调规划,尤其是在过渡期部分地区在土地资源利用、基础设施建设等方面的规划尚未完成,这就很难在短期内将其纳入乡村振兴整体规划之中。二是政策衔接仍然不到位。目前宁德市尚处于巩固拓展脱贫攻坚成果和乡村振兴的过渡期,如何在乡村发展、要素保障和产业发展等方面做好两大战略之间相关政策的衔接是一个亟待解决的问题。三是考核机制有待提升。原有脱贫攻坚任务更多的是从数字指标方面进行考核,这就导致了部分基层政府将"数字脱贫"作为最终的考核指标,无法夯实乡村振兴的基础。

(二)输血式扶贫容易导致两大战略衔接的实践主体缺位

当前宁德市巩固脱贫成果和防止返贫的任务依然艰巨。一是部分群众已习惯了过去那种"输血式"的扶贫模式,"等靠要"思想十分严重,并认为扶贫贷款就是政府给予的补贴;二是部分群众的受教育程度不高,仅将吃饱喝足作为人生的理想状态,参与脱贫攻坚与乡村振兴的积极性和主动性较低,导致其长期处于贫困的临界状态,而这种因错误认识所造成的"悬崖效应"给乡村振兴发展提出了新难题。

(三)产业发展持续性不足使得两大战略之间的衔接基础不稳固

当前宁德市偏远地区的资源条件和基础设施仍相对薄弱,依然存在着农业规模化集约化产业化程度不高、综合效益和竞争力不强、龙头企业引入难度大等问题。在脱贫攻坚期间,部分县(市、区)为尽快实现脱贫出列,更多地将扶贫资金投入到短平快的发展项目之中。虽然短期内这些扶贫产业的产销效果不错,但这也给产业的可持续发展带来了不小的隐患,一旦缺少扶贫或乡村振兴资金的支持,如何实现产业持续振兴就成为一个亟待解决的问题。

(四)巩固拓展脱贫攻坚成果同乡村振兴有效衔接的资金保障不到位

自脱贫攻坚战略实施以来,各级政府的资金投入逐步加大,其中市县两级财政配套资金的分担比例是10%和90%。实践过程中,部分扶贫攻坚和乡村振兴战略的配套资金,主要由各县(市、区)财政自行筹措。由于宁德市山多田少,因而乡村公益性设施用地和新产业新业态发展用地供给等方面均需要足够的资金保障,如何协调这部分的资金需求就成为一个亟待解决的难题。同时,由于福建省下拨的扶贫和乡村规划资金直达各个县(市、区)主管部门,市级(县级)平级和上下级主管部门之间资金分配的数据监管还有待完善。

三、宁德市巩固拓展脱贫攻坚成果同乡村振兴有效衔接的对策建议

在保障脱贫质量的前提下,要从政策、机制、产业、人才衔接和资金保障等方面做好有效衔接工作,从而建立多元化的衔接模式。

(一)实现巩固拓展脱贫攻坚成果同乡村振兴机制的有效衔接

一是通过"调整转化"促进机制衔接。之前为实现脱贫攻坚的任务,部分基层政府采取了一些超常规或者临时性的措施。现阶段宁德市要根据各区(县)的农村发展、财政资金等情况进行科学研判,特别是对个别地区或乡镇的政策要进行分类分时地调整。如在此前的6个贫困县中,可根据当前经济社会发展需要和财力许可,优先选取一批重点帮扶县或乡镇进行重点扶持,并明确帮扶过渡阶段,以确保将此前的支持脱贫政策转变成推进乡村振兴政策。

二是以"巩固提升"促进机制衔接。当前宁德市部分农村地区致贫、返贫的风险依旧存在,尤其是一些刚脱贫的农村地区在基础设施、教育、医疗等方面的条件和保障并不完善。为此,在原有帮扶政策的基础上,要逐步拓展到常态化的民生政策。第一,在医疗方面,原有的主要针对贫困户大病和慢病的医疗政策需逐渐纳入到全部居民的基本政策之中,从而有效建立重大疾病和慢性病救助体系,以解决贫困户们的后顾之忧。此外,需要持续加强县、乡、村三级医疗体系

建设，重点提升县级公共卫生服务机构能力，不断提高基本公共卫生服务水平。第二，在教育方面，在过渡时期，努力将适龄儿童的入学教育扩充到非贫困人口，并加大教育质量，部分有条件的地区可以将学前教育和高中教育纳入义务教育范畴，以有效提高当地群众的教育水平，在思想观念上实现从"要我振兴"到"我要振兴"的转变。第三，在基础设施方面，要稳步改善农村人居环境，建设美丽宜居乡村，努力实施造福工程、地质灾害点、文化活动中心等项目，从而有效地改善居民的生存环境。

三是以"创新发展"促进机制衔接。两大战略之间所涉及的范围、对象、内容等各不相同，要通过建立健全涉农创新体系机制保证二者之间的有效衔接。比较典型的如宁德市古田县通过构建技术创新体系，重点扶持福建农林大学（古田）菌业研究院和本县食品加工企业加强对食用菌物质成分基础和精深加工产品方面的研发技术攻关，力争让群众掌握相关技术，从而推动当地食用菌产业的发展，进而达到乡村振兴的目标。

四是建立"返贫预警监测机制"促进衔接。加快建立精准识别返贫的监测机制，重点对易致贫户和脱贫不稳定户进行常态化监测工作，通过考虑事前可能发生的状况，从而努力防范返贫和巩固脱贫攻坚成果。

（二）做好产业脱贫与产业振兴之间的有机衔接

之前宁德市产业扶贫更多的是依靠国家、省级、市级资金的支持以实现贫困地区快速脱贫，而部分县市或乡镇的产业之间同质化现象较为普遍，产业市场的竞争能力和长效发展能力仍有不足之处。为此宁德市要在产业发展布局、发展结构和经营模式等方面做好衔接，以助推当地产业实现高效可持续发展。

一是优化农业产业发展布局。第一，充分发挥地方自然资源优势，构建"五园"新格局。突破原有合作格局，加强与农业龙头企业协作，以田园、茶园、果园、花园、庄园为抓手，加快绘制"五园"旅游新格局蓝图，进一步拓展农业产业链，努力打造一批特点突出、市场反应良好的乡村旅游精品村，诸如田园综合体、"城市后花园""清新乡野、文创田园""生态净土、茶药之乡"等，逐步构建覆盖闽东乡村的精品旅游路线。第二，积极推进"互联网＋特色农业产业"发展，打造出"特色农业产业＋科技"的可持续发展模式。大力发展社交电商、"粉丝"经济等网络营销新模式，鼓励村淘、京东等农村电商企业落地并发挥作用，从而努力形成"8＋1"特色产业企业的"扎堆效应"。

二是强化产业链发展结构。第一，以品种结构调整和生产方式转变为基础，努力打通一、二、三产业的融合发展路径。即重点支持以主导产业为基础的产业链发展，并力争以主导产业带动农产品加工业、休闲农业、营销业、运输业、贮藏业、服务业、旅游业等相关产业的快速发展，促进乡村经济的多样化发展，从而初步形成以主导产业带动多业联动、多业融合的乡村产业新业态。第二，促进文旅融合，赋予"五有"新内涵。以文化为内核驱动力带动乡村旅游的发展，持续打造以"有文化、有传承、有体验、有趣味、有人气"为内涵的特色鲜明的旅游路线，并建设集素质拓展基地、农村生活体验园、茶叶产业体验园等为一体的特色体验园区。以福鼎茶旅融合为例，重点依托太姥山、嵛山岛等核心景区以及点头镇柏柳村等产茶区，通过整合茶旅优势资源，开发集茶叶采摘、加工、茶艺表演和旅游购物为一体的特色茶庄园旅游、生态观光游和休闲体验游，努力打造茶旅精品旅游线路，从而有效地延长当地农业全产业链。

三是强化产业发展的经营模式。第一，重点培育农业新型经营主体及产业化龙头企业，提高农产品转化增值率和市场竞争力。充分用好国家、省、市出台的惠企政策，充分发挥龙头企业在基地建设、标准化生产、清洁加工、质量安全、制度建设、诚信经营、科技示范等方面的模范带头作用。第二，推进"龙头企业＋基地＋合作社＋农户"发展模式。以龙头企业为经营管理主体，将其生产服务外包给农村合作社和农户，通过龙头企业示范带动周边小农户发展，从而实现"1＋1＋1＋1＞4"的叠加效应。第三，加快推进农业产业集群。积极引导农业企业、合作社、村集体等相关主体重点发展原辅料的生产与加工，并带动农民在物流、销售、电子商务等方面的发展，力争形成前后相连、上下衔接的产业集群，助推产业振兴目标实现。

（三）做好人才支援与人才振兴的有机衔接

一是做好人才队伍能力建设衔接。首先，坚持把人才资源作为第一资源来抓。只要是对当地产业发展具有引领作用或重要影响的专家，不分编制内还是编制外，不仅要提供一定的资金支持，而且在力所能及的范围内支持专家开展工作。其次，积极引进新老村民。以乡情乡愁为纽带，号召此前离乡的乡贤回归家乡，打造比传统农村更高级的生活和创业方式，并引来大批城市居民入住、大批外出村民回流，从而促进农村人才队伍能力实现从脱贫攻坚向乡村振兴转变。

二是做好人才队伍制度建设衔接。将原有驻村工作队、人才引进培养、干部识别选拔及干部考核监督等制度体系，与现有乡村人才振兴制度进行有效衔接，同时打通城乡人才的培养交流渠道，为巩固拓展脱贫攻坚成果与乡村振兴人才衔接提供制度保障。

三是做好人才队伍作风建设衔接。在全面推进脱贫攻坚与乡村振兴人才有效衔接进程中，要坚持实事求是的工作作风，保持勤俭节约的生活作风和为人民服务的思想作风，以更好地实现巩固拓展脱贫攻坚成果同乡村振兴有效衔接的目标。

（四）做好资金支持与乡村振兴的有机衔接

资金支持是巩固拓展脱贫攻坚成果同乡村振兴有效衔接的重要保障，为此要做到下面两点：

一要强化金融保障措施。充分发挥农业政策性金融作用，加大与中国农业发展银行、中国农业银行和中国农商行等金融机构的合作力度，加快探索农业企业的贷款担保新模式。同时，允许以承包土地经营权向金融机构抵押融资，建立配套的抵押资产处置机制，以解决龙头企业贷款担保难题。

二要转变政府财政资金分配的使用功能，保证资金分配、投入和使用的精准度和效率。一方面要解决"资金来源"问题。可借鉴福鼎市的PPP项目，通过地方政府与社会资本有效合作，由政府购买服务和担保贴息，采取以奖代补、民办公助等措施，为基层急需和农民受益的乡村振兴项目提供资金支持。另一方面要解决"资金分配"问题。要强化财政资金统筹，在财政资金安排上重点对试点村和薄弱村进行倾斜，可以尝试对试点村不超过50%、薄弱村不超过40%、一般村不超过30%的资金支持。此外，还要解决资金管理问题。加快出台宁德市乡村振兴资金项目运营管理办法，进一步明确各个项目资金的申报、审批、拨付、使用、验收流程，努力提高资金的使用效益。同时，建议由市政府牵头，专门成立专家小组，重点加强各部门间的资金管理，努力破解项目资金监管难的问题。

践行精准脱贫思想：从摆脱贫困到乡村振兴的宁德茶产业实证研究

夏良玉[*]

习近平同志在宁德工作期间把茶产业摆在重要位置。在《摆脱贫困》一书中有8篇文章12处对茶叶发展进行论述，形成了他最初"以茶致富、以茶兴业"的重要论述。在闽东摆脱贫困到乡村振兴的实践过程中，茶产业始终发挥支柱产业的重要作用，践行了习近平同志在宁德工作期间孕育的精准脱贫思想，印证了脱贫工作需要增强造血功能的产业扶贫思路、立足实际因地制宜的精准思维、"绿水青山就是金山银山"的绿色发展理念、共同脱贫致富的利益联结共享机制。

一、践行和印证脱贫工作需要增强造血功能的产业扶贫思路

在《制定和实施产业政策的现实选择》一文中，习近平指出：闽东地区经济的落后是多种原因造成的，其中重要的原因就是贫困地区的产业结构不尽合理。习近平强调要立足区域优势，科学地选择主导产业。茶叶是闽东的一大优势，当时产量占全省的1/4。针对闽东茶叶种植在农业生产中的重要位置，1989年3月，习近平主持召开地委办公会议，专题研究茶业管理体制问题，系统建立了茶业行业管理机

---

[*] 夏良玉：宁德师范学院研究员。

构,为宁德茶产业确定了发展道路与对策,由此掀开了宁德茶产业发展的新篇。之后,习近平总书记一直高度重视茶产业对脱贫致富的重要作用,一直关心茶产业发展。宁德历届市委、市政府先后出台了一系列扶持、促进茶产业发展的政策、措施。闽东人民牢记习近平总书记嘱托大力发展茶产业,让茶产业成为闽东乡村脱贫致富到乡村振兴的特色支柱产业。

(一)宁德茶产业在脱贫攻坚中的贡献度分析

从茶园种植面积发展情况看:20世纪80年代末到90年代前期是快速增长期,从1985年的48.86万亩到1990年的52.18万亩,1994年突破到70万亩,其中1991年到1994年增加了近18万亩茶园;从1995年到2008年,增加了10万亩茶园,茶园面积突破到80万亩;2009年到2019年间突破到90万亩,2021年宁德茶园面积达101.84万亩。宁德茶叶种植遍及9个县市区,其中蕉城区、福鼎市、福安市、寿宁县、周宁县等5个县市区在2014年被评为全国重点产茶县。

从茶叶产值占农业总产值(不含林牧渔等产业,下同)比重情况看:茶叶产值及其占比整体趋势是逐年提高。1988年,宁德全区产茶1.44万吨,茶叶产值(毛茶产值,下同)9743.9万元,占当年农业总产值的12.28%;2001年至2010年期间占比在9%~15%左右;2011年至2020年间,茶叶产值占比在20%左右。如:2012年茶叶产值28.19亿元,占农业总产值的19.52%;2014年,茶叶产值34.36亿元,占农业总产值的20.12%。2020年茶叶产值41.95亿元,占全市农业总产值的18.22%。从2012年起,茶叶产值超过蔬菜(含菜用瓜)的产值,仅次于食用菌,成为农业(不含林牧渔等产业)的第二大支柱产业。2020年,约70万茶农人均创造毛茶产值约6000元,全市茶区农民收入占人均可支配收入的30%以上,部分重点茶区甚至超过50%。卖茶青的钱,是不少闽东茶农开春后的第一笔收入,生产生活的各种花销，都指望它。另外，因茶产业而带动的茶生态、茶旅游和茶文化所造就的价值更是无法估量。毫无疑问，一片叶子，成就了一个产业，富裕了一方百姓。

从茶产业从业相关人数看：全市约1/3的人口和70%的农户从事茶叶生产及相关产业。根据宁德市农业农村局统计数据，2017年全市茶农户数共43.17万户、茶农人数（种植为主）达68.84万人，茶产业从业人数（流通加工为主）达22.47万人。全市在全国各地开设茶庄、茶店、茶室等共2万多家。从茶农到茶叶流动加工到茶叶销售、经营管理等形成100万级的产业从业人员，从茶园到茶叶合作社到精深加工茶企再到茶城茶市形成相当规模的茶产业链条，茶产业为闽东乡村脱贫攻坚确立了重要的产业支撑。

（二）"中国扶贫第一村"赤溪村从"输血"到"造血"的产业扶贫之路

1989年7月，习近平在谈到民族地区脱贫致富的战略方针时指出，畲族地区在外来"输血"的同时，一定要增强自身的"造血功能"。1984年6月24日，《人民日报》头版刊登一封读者来信《穷山村希望——实行特殊政策治穷致富》，由此开启了赤溪村接受"输血"、艰难"换血"、自我"造血"的奋斗历程。一开始，采取"输血"式扶贫，主要是送钱、送物，上面送来的树木果苗、羊羔兔种都长不大，变不了钱。赤溪村的贫穷面貌没有多大改变，"输血"不治本，"穷根"依旧在。习近平在总结救灾搬迁工作经验的基础上，决定对闽东"七无"村以及一些贫困村、受灾村和草房村（户）进行搬迁。之后，宁德延续了这一思路和作法。1994年，福建决定在全省推广闽东的做法，"造福工程"被列入省委、省政府为民办实事项目，大规模推广。从1994年8月到1995年4月，下山溪村22户村民全部完成搬迁。由此开始，20年间，赤溪另外13个自然村的群众，也分3

期陆续搬至赤溪长安新街两侧。截至 2016 年，赤溪村 408 户 1800 多人，已有 356 户 1500 多人搬到中心村。赤溪村整村搬迁挪了穷窝，让村民们住房改善了，出行方便了，如何改掉穷业又成了关键。赤溪村发挥白茶和旅游资源优势，重点发展茶产业和旅游业并使其成为脱贫路上的支柱产业。赤溪村很早就为外地提供茶叶原料，其茶叶历史非常悠久。赤溪村茶园面积从 20 世纪 80 年代的 350 多亩发展到 2016 年的 1600 多亩，几乎家家户户都种茶养茶，村里办起了 7 个茶叶加工厂。随着福鼎白茶产业的整体兴起，赤溪村白茶收入曾占到村民人均收入的四成以上。2016 年 2 月 19 日，习近平总书记通过人民网连线赤溪村，赤溪村支部书记杜家住汇报时说："村民年人均纯收入达到 13600 多元。您倡导我们保护下来的绿水青山，真的变成了老百姓山上的银行。全村贫困率从 80 年代的 92%，下降到现在的 1%"。习近平总书记指出："你们的实践也印证了我们现在的方针，就是扶贫工作要因地制宜，精准发力。……扶贫根本还要靠自力更生，还要靠乡亲们内生动力。"2020 年 12 月 6 日，中国扶贫第一村脱贫致富报告会在北京人民网 1 号演播厅举行，见证中国扶贫第一村赤溪脱贫攻坚福鼎白茶产业致富成果。杜家住在《来自中国扶贫第一村·赤溪村脱贫致富报告》中提到要依托白茶产业和生态旅游资源优势，赤溪村党总支按照"以企带村、村企互动、共建双赢"的思路，发挥"中国扶贫第一村"和福鼎白茶品牌效应，逐步形成茶业、旅游、文化相融合的产业定位。2019 年，村企合作共同成立福建赤溪畲村白茶产业有限公司，建设赤溪畲村白茶产业园，其中赤溪村以资金占股 20%、资源占股 15%。村民通过参与分红和务工，年收入稳定在 10 万元以上的家庭近 180 户，占全村的 44%。1984 年赤溪村人均收入 166 元，到 2016 年人均可支配收入 15696 元，全面实现脱贫，2022 年人均可支配收入 3.22 万元。赤溪村的发展历程说明，发展能够可持续"造血"的产业才能脱贫致富并推动乡村振兴。

二、践行和印证脱贫工作需要从实际出发、因地制宜的精准思维

习近平重视帮闽东人民"挖穷根"。在《弱鸟如何先飞》一文中他指出，要使弱鸟先飞，飞得快，飞得高，必须探讨一条因地制宜发展经济的路子。他指出，闽东主要靠农业吃饭，穷在农上，也只能富在农上。在农业上，"靠山吃山唱山歌，靠海吃海念海经"。"吃山"，要抓好林、茶、果。在《扶贫要注意增强乡村两级集体经济实力》一文中，习近平强调，要坚持因地制宜、分类指导的原则，从实际出发，以市场为向导，充分利用各自的自然资源和社会资源。山区要重点发展林、果、茶和饲养业。1988年秋天，习近平到坦洋村调研，提出坦洋村要大力发展特色茶产业。在村党支部的带领下，坦洋村将荒山变茶园，全村开始脱贫致富的奋斗征途，短短几年，茶园面积迅速增至1000多亩。1990年8月7日《闽东日报》刊发《坦洋村党支部带领群众走上富裕路》一文，报道了坦洋村茶产业发展成效初显的情况。2016年，坦洋村全村拥有茶厂（家庭作坊）35家，茶点（茶行）18家，以发展"坦洋工夫"红茶为主，坦洋村农民人均纯收入达1.7万元。2017年坦洋村实现建档立卡户6户22人全部脱贫。

宁德市遵循精准扶贫理念，形成坚持精准方略、强化精准施策的"宁德模式"。2015年，宁德有建档立卡贫困村453个、贫困人口7.2万。贫困人口中有45%以上为因病因残致贫，贫困村中有95%是产业和村集体经济薄弱村。全市96%的建档立卡贫困户家庭落实一项以上产业脱贫项目，有生产经营项目的建档立卡家庭86%的收入增长来自产业扶贫项目。茶叶是建档立卡贫困户的重要扶贫产业，全市建档立卡的贫困户中有1/3从事茶叶生产。宁德市在原有茶业专项资金的基础上，从2012年起在市级财政每年安排茶业专项资金500万元，各县

(市、区)分别安排茶产业发展专项资金30万～1360万元不等,扶持茶产业发展,支持茶叶龙头企业与贫困村、贫困户开展结对帮扶活动,支持贫困户以扶贫资金或土地流转入股。寿宁县竹管垅乡把做大做强茶产业作为扶贫、脱贫的发力点,90%的贫困户直接或间接参与茶产业,茶叶成为贫困户脱贫致富的关键。茶园面积从1988年的1600多亩扩增到2018年的3280亩,茶叶总产值从18万元增长到现在的1968万元。2017年,竹管垅乡制定出台了《竹管垅乡茶叶促扶贫实施方案(试行)》,按照"主导产业、普遍受益;重点扶弱、以奖代补;鼓励多劳、脱贫致富;精细管理、量力而行;品种改良、提升效益"等5个帮扶原则,对贫困户发展茶业进行全产业链扶持。2017年,67户贫困户通过茶叶种植实现收入96万元,户均增收4300元,扶持培育6户贫困户成为茶叶种植大户,吸引5户外出贫困户返乡从事茶叶生产。寿宁下党乡曾经是省级特定贫困乡、宁德地区4个特困乡之一,1988年人均收入不到200元。下党乡创新可视化扶贫定制茶园项目,打造"下乡的味道"品牌,创新扶贫定制模式。2017年,参与项目的下党村就有31户贫困户因此脱贫,其中26户修建了新房。2019年,下党乡茶园种植面积6008亩,定制茶园全年订单额达到600多万元,农村居民人均可支配收入14777元,实现了整村脱贫。

三、践行和印证"绿水青山就是金山银山"的绿色发展理念

1988年8月,习近平同志在考察福鼎时指出:"抓山也能致富,把山管住,坚持10年、15年、20年,我们的山上就是'银行'了。"在《闽东的振兴在于"林"——试谈闽东经济发展的一个战略问题》一文,习近平同志指出,在闽东这样一个贫困地区,山林资源是一个

重要的优势。"什么时候闽东的山都绿了,什么时候闽东就富裕了。"他强调闽东经济发展的潜力在于山,兴旺在于林,并且把茶叶基地作为重点抓的林业经济"五大基地"之一;提出林业经营在产业结构上实行"林、茶、果、药"结合,在经营效益上求得经济、生态、社会三大效益的统一。这些论述,是他后来提出"绿色青山就是金山银山"理论和生态文明思想的重要源头。

闽东人民牢记总书记嘱托大力发展生态茶园,实现了经济、生态、社会三大效益的统一,凸显了人与自然和谐共生的生态文化观,体现了茶叶生态文化的智慧。2008年出台《宁德市人民政府关于促进茶产业发展的意见》,大力实施茶叶"绿色工程",大力发展无公害、绿色食品和有机茶生产,推广生物农药和有机肥。蕉城、福鼎先后被列入2017、2018年度全国果菜茶有机肥替代化肥示范县。2019年宁德市共完成优质茶叶标准化示范基地17个,建立相对集中连片300亩以上不用化学农药茶叶绿色生产示范基地140个,带动41.9万亩茶园基本不使用化学农药。2021年,宁德市茶叶"三品"产地监控和出口基地备案面积超过37万亩,1383家茶企纳入"一品一码"可追溯体系建设,生态茶园覆盖率达77%。其中,福安市通过"全国绿色食品原料(茶叶)标准化生产基地"评审,福鼎市、蕉城区获评"国家农产品质量安全县"。

四、践行和印证共同脱贫致富的利益联结共享机制

脱贫工作要发挥基层党组织核心作用。习近平同志在《加强脱贫第一线的核心力量——建设好农村党组织》中强调:"党对农村的坚强领导,是使贫困的乡村走向富裕道路的最重要的保证。""农村脱贫致富的核心就是农村党组织"。"农村党组织要带领广大农民群众投身于发展商品经济的事业中,创造物质文明和精神文明,走共同脱贫致

富的道路。这是党组织一切工作的主旋律,农村党组织的思想建设、组织建设、党风建设、制度建设都应当围绕着这个主旋律来'弹钢琴'"。① 习近平同志在《扶贫要注意增强乡村两级集体经济实力》中强调:"集体经济是农民共同致富的根基,是农民走共同富裕道路的物质保障","发展集体经济实力是振兴贫困地区农业的必由之路。乡村集体经济实力的发展与农业的振兴是相互依存、荣衰与共的",提出"可以实行股份、联营、合作等经济形式,吸引投资;也可以实行'以劳代资',动员社会闲散资金,发展集体经济实力"。②

脱贫致富要构建共享共赢的利益联结机制。宁德茶产业注重发展壮大村级集体经济,兼顾村级集体、茶农和茶企的各方利益,普遍实施"支部+龙头企业+合作社+农户"的经营模式。如:下党村建立了以"党支部+公司+合作社+农户"的股份合作制经营模式,组建蓉党茶叶种植专业合作社吸纳全村茶农参与持股20%,利用党支部为核心、村集体为载体,集体持股20%,引入专业从事茶叶产业管理和经营的人才加入并持股60%,多方联合组建成立了梦之乡农业综合开发有限公司,以此为经营和利益分配主体,充分保障茶农、村集体资产和专业经营团队的联合收益。福安坦洋村建立"党支部+龙头企业+合作社+农户"运营模式,按照"支部牵头,全民入股"的工作思路组建全员股份经济合作社,吸纳村民资金或土地与经济作物折价入股,由村经济合作社经营,每年收入扣除经营成本后由集体和村民按股份进行分红,有效盘活了土地资源、集体资产,助推了产业发展。全员股份经济合作社成立后,坦洋村在合作社框架内成立了福建福安坦洋工夫茶叶公司,建立红茶工坊集体制茶厂,构建以统一规划、统一平台、统一品牌和共建共营、共营共享、共享共赢为核心的统分结合型的运营模式。2020年坦洋村茶园面积4000多亩,村集体茶园面

---

① 习近平:《摆脱贫困》,福建人民出版社1992年版,第159—161页。
② 习近平:《摆脱贫困》,福建人民出版社1992年版,第193、194、199页。

积470亩，全员股份经济合作社入股资金达180多万元，茶厂（家庭作坊）35家，茶店（茶行）18家。寿宁竹管垅乡采取"公司＋村集体经济组织＋专业合作社＋茶农"的经营模式，按照产业增效、企业发展、贫困户增收的创新发展理念，鼓励村民、贫困户和茶企投资入股和存储白茶饼，建立"保底收益、按股分红"的利益联结机制。类似上述经营模式，在宁德的产茶乡村广泛得以推广，实现茶农、茶企和村级集体经济的利益联结和共享共赢，也在茶产业助力乡村振兴中形成可持续健康发展的利益共享机制。

宁德茶产业从摆脱贫困到乡村振兴的30多年发展历程，生动践行和印证了精准脱贫理念，体现了茶产业作为闽东脱贫致富和乡村振兴重要支柱产业的使命担当，30多年积累的经验做法和模式机制可以延续和衔接到乡村振兴的大业中。茶产业仍将是闽东实现农业强、农村美、农民富和产业振兴、生态振兴、文化振兴的重要契合点和发力点。接下来，要把茶文化、茶产业、茶科技统筹起来，以茶科技为支撑，提升茶叶质量安全，增加茶叶一、二产业价值，确保闽东茶产业健康可持续发展；以茶文化为载体，提升茶叶品牌影响力，促进闽东茶叶一、二、三产业融合发展；以市场为导向，完善服务支持体系，推动茶产业高质量助力闽东乡村振兴。

要素如何回流乡村？

——屏南文创推进乡村振兴的经验与启示

潘家恩　陈冬梅　马　黎　杨　贺　温铁军[*]

党的十九大提出乡村振兴战略，并强调将建立健全城乡融合发展体制机制和政策体系作为党的一项重大决策部署。《中华人民共和国乡村振兴促进法》也要求通过走城乡融合之路，实现要素在城乡间双向流动。

近年来，屏南县委、县政府积极贯彻新发展理念，以村落为平台、文化为底色、创意为引线，强化改革思维，探索发展村落文创产业，形成"党委政府＋艺术家＋古村＋村民＋互联网"的发展模式，有效推进传统村落保护活化，呈现出"人来、村活、业兴、文盛"的新气象，促进了乡村全面振兴。通过文创兴村项目实施，屏南县被评为"中国传统村落文创产业发展示范县"，同时也成为福建省唯一被列入住房和城乡建设部首批全国美好环境与幸福生活共同缔造试点县。该实践对探索闽东特色乡村振兴之路及习近平总书记所强调的人才土地资本在城乡间双向流动有着重要意义。

为何偏远落后的"空心村"会成为充满活力的"网红村"？为何工业文明时代的"弱鸟"会成为生态文明时代的"靓鸟"？屏南乡村振兴研究院通过组织多次调研，并与当地干部群众进行深入交流，认

---

[*] 潘家恩：西南大学乡村振兴战略研究院副院长、教授，屏南乡村振兴研究院执行院长。陈冬梅：屏南乡村振兴研究院办公室副主任。马黎：重庆大学法学院博士研究生。杨贺：福建农林大学经济管理学院博士研究生。温铁军：福建农林大学乡村振兴研究院院长、教授，屏南乡村振兴研究院院长。

为有如下值得借鉴的经验。

一、重现价值：从"流人"到"留人"

屏南工业化起步较晚、发展较慢，传统村落群和自然环境要素未在工业文明阶段得到充分开发，却也因此保留了更好的生态资源和人文历史资源，使屏南在工业文明阶段的劣势有望转化为生态文明阶段的优势。

随着全球逆城市化趋势的显现，原来未受到充分重视的山、水、林、田、湖、草等资源，以及难以被激活的文化存留、创意成果等，在新时代被重新赋予生态价值、社会价值和经济价值。人们对于优质生活的定义也在发生着微妙变化，乡村逐渐成为高品质生活的"另一种选择"，成为城里人"向往的生活"地。正是这些变化，让要素回流乡村成为可能。

2015年文创项目启动之初，屏南有近八成农村人口外出，面对这一全国普遍困境，屏南县通过倡导乡村文化的新价值与新生活方式，用文化唤醒乡土、以创意激活乡村、让宜居重归乡村，改变长期以来认为乡村"落后、衰败"的偏见。一方面，政府积极作为，通过"引进高人、引回亲人、引来新人"，激活以人为中心的各类要素；另一方面，创造条件让引来的人"留下来"，解决乡村振兴的人才短板。其具体做法如下。

首先，激发村民的内在潜能，使他们重新发现乡土和传统文化的价值，不仅成为乡村文创的参与者，更成为美好家园的缔造者，整体提升乡土社会的凝聚力。例如，屏南县传统村落文化创意产业项目总策划林正碌在漈下村、双溪古镇和龙潭村等地教村民画油画和使用互联网，打破乡村中普遍弥漫的低价值感和低文化感，提升村民的自信心，并为村民参与文创增收提供了现实渠道，有效激发其建设家乡的主动性和参与热情。

其次,在激活个体价值的同时,屏南也着力激活偏远乡村的空间价值,使乡土成为都市人实现田园梦想的向往之地。厦地村的古民居修缮工作既保护建筑形制与传统风貌,又兼顾现代人的生活需求,吸引了南京先锋书店的入驻。前洋村和前汾溪村则分别成为复旦大学和中国美术学院创新型教学实践基地。在这个重新发现并创造乡土家园的过程中,"新村民""老村民"共同成为乡村的守护者和复兴者。

再次,要想"留人",不仅要有良好的生态环境,还要营造出能够承接要素的产业基础与文化土壤。在城乡融合的新时代,乡村产业不再是简单的"一产",而是融合本地文化资源、生态资源、品牌资源的"多产"。例如,屏南龙潭村"新村民"通过融合油画艺术、国家级非物质文化遗产四平戏等元素,使该村传统生产的黄酒每斤售价提高了近10倍,参与其中的村民和村集体由于"三产融合",获取远超过第一产业的综合收益。

经过以上努力,短短几年间屏南古村发生了很大变化。例如,原省级重点扶贫村龙潭村2017年启动文创时在村人口不到200(户籍人口1400多),现已回流"老村民"300多,吸引"新村民"100多,成为全国乡村旅游重点村和世界旅游联盟旅游减贫优秀案例。来自香港、北京、上海、深圳、武汉等地的"新村民"纷至沓来。在这里,他们住自己设计的空间,做自己想做的事业,实现城里难圆的梦想,找寻诗意栖居的家园,共创未来美好的生活,一种新型的优质乡村生活和新型城乡关系正逐步成为现实。

二、机制创新:从"沉睡"到"苏醒"

除了在人才上由"外流"变"回流"外,屏南的各种闲置资源也通过机制创新由"沉睡"变"苏醒",实现了包括村容村貌、文化活动、治理方式等在内的多重变化。这在增强农村经济活力的同时，为集聚多要素参与乡村营造和城乡融合奠定了基础。

首先，创新村居租赁模式，促进城乡资源双向流动。结合农村土地"三权分置"改革要求，在保障资源专属权后，将原本处于"沉睡"状态的闲置农房和农地的使用权，集中经由村委租赁给筛选过的外部经营主体，营造有活力且可交易的空间，改变过去农村资源流转自发、无序和混乱状态，创新建立中介式流转机制，解决乡村文创物质空间难题。

其次，创新古村修缮模式，将古民居和村落活化作为主要"引流点"。既保有传统文化审美和古建价值，又兼顾生活使用、居住安全与消费价值，既遵循文化遗产保护的制度框架，又凝聚新的文化劳动与内容生产。为此，屏南探索由"新村民出资、驻创艺术家团队设计、村委会代为建设"三方共同参与，按照"一屋一特色"的修缮理念，以较低的成本实现技艺传承、老屋保护、就业增收、舒适宜居。目前，屏南县已累计完成老屋修缮近300栋，其中民宿农家乐、艺术空间等220多家，活化利用率超过70%。

再次，创新项目管理模式，改变城市住建规范在农房建设中存在前期耗时长、间接费用多、审批流程繁、村民参与少、技艺传承难等弊端。探索实施屏南"工料法"，允许村委会自行购料、聘请工匠、组织施工，实行材料入仓、出仓、用料、用工、施工等全程监督，从而有效节约修缮成本，提高建设效率，使财政资金更多用于村民增收、建筑保护与技艺传承，有助于要素的真正回流。该制度创新得到中央主要领导批示并被吸收入2022年中央一号文件。

三、治理创新：从"客人"到"主人"

屏南县通过文创推动乡村振兴，促进了当地生产、生活观念的结构性转变，吸引更多城市精英来古村创业、乐享新的生活方式，并通过艺术家的思维开阔村民的发展思路，让村民看到希望，向城乡融合方向相向而行。

为了构建城乡融合时代的新型乡村社区，以让"回流"后的要素更好地发挥作用，屏南县委县政府积极作为，创新修缮古民居、古建筑、整治农村人居环境、改善村级医疗站点、复办村级小学等治理方式，在全省率先由公安部门为"新村民"颁发居住证，让"新村民"在村里享受和"老村民"同等的教育、医疗、本地汽车牌照等权利，增强其归属感和幸福感，吸引了大批有思想、有活力、有创造力的"新村民"定居。

在此基础上，为进一步增强"新村民"的主人翁意识和长期驻留生活创业的意愿，同时增强乡村基层组织的活力，凝聚基层治理合力，在2021年村"两委"换届中，屏南县以龙潭村和四坪村为试点，为"新村民"增设1个副主任专岗和3个村民代表席位，积极鼓励引导"新村民"与"老村民"深度融合，让"新村民"参与到村级公共事务管理中，进行乡村治理创新。该做法一经推出，得到新华社、中央电视台、福建电视台及《福建日报》等媒体的积极肯定。

此外，为了更好推进新时代的乡村社区治理，探索成立文创片区党委，将地域相近、产业关联度较高的村落，联合成立片区党委，每个片区党委书记由所在乡镇党委委派，其他党委成员由组成村党组织骨干担任。同时，由片区党委统筹片区内党员发展名额，全力将片区内优秀分子吸收到党组织中，避免"一人一村"说了算，加强统筹，以适应城乡融合时代乡村治理的新需求。具体做法形成《以党建引领筑牢乡村振兴的"压舱石"》调研报告在省委政研室《调研文稿》第62期专题印发，被省委组织部作为典型经验上报中组部。

综上所述，在2021年的中央农村工作会议上，习近平总书记要求"三农"工作领域的领导干部要抓紧提高"三农"工作本领。作为国家战略，乡村振兴要与乡村文化复兴、城乡融合、生态文明等战略协同开展。屏南县通过激发村民内在潜能，使其成为文化创意的参与者和创造者，并有效促进农村生产、生活观念的结构性转变，将传统产业和资源与文创结合，以推进农村供给侧改革和"三农"的"六产融合"，使从乡到城的"单行道"变为城乡互通的"双车道"。

当前，面对新冠肺炎疫情和逆城市化的深刻影响，为顺应城乡融合需要，我们既要"为主动下乡开扇门"和"为就地建乡搭平台"，还要为"被动返乡留条路"，迎接"紧日子""后疫情"与"内循环"时代。特别是目前很多外来人口激增的"网红村"需未雨绸缪做好"老村民"及其子女"被动返乡"的准备，以应对国际国内宏观环境巨变所产生的城市就业压力。在"主动下乡"与"被动返乡"汇流的时期，尤其要注意处理好"外来与本土"的关系，不能以新的"过密"来解决老的"空心"。

闽东特色民族乡村振兴之路的理论逻辑、历史逻辑与现实路径

游国斌[*]

乡村振兴战略,是党和国家发展战略的重要组成部分,为新时代民族乡村发展提供了重大契机。福建宁德俗称闽东,是我国东南沿海少数民族聚居较多的地区,也是全国最大的畲族聚居区。全市现有的1个少数民族经济开发区、9个民族乡、246个民族行政村,还有大约1000个民族自然村,大都处于偏远地区。30多年来,宁德始终沿着习近平总书记指引的方向,滴水穿石、久久为功,奋力推进少数民族摆脱贫困,为闽东民族乡村振兴奠定了坚实的社会基础。深入研究习近平同志在宁德工作期间关于民族工作的理论探索,总结宁德民族乡村摆脱贫困的奋进征程与成功经验,对于推进新时代宁德民族工作创新发展,走出一条具有闽东特色的民族乡村振兴之路,有着十分重要的理论和实践意义。

一、理论逻辑:持续巩固民族大团结基础,促进闽东少数民族共同繁荣富裕的必然要求

宁德作为全国最大的畲族聚居区和福建省民族工作重点地区,民族团结工作具有深厚的历史基础。习近平同志在宁德工作时就高度重

---

[*] 游国斌:宁德师范学院马克思主义学院院长,教授。

视民族团结进步事业,明确指出:"我们的事业方方面面,千万不能漠视少数民族事业这一重要方面。"①他从巩固民族大团结基础、促进少数民族共同繁荣富裕的思想高度,进行了理论探索,提出了一系列创新观点和实践要求,为闽东民族地区从摆脱贫困到乡村振兴奠定了理论基础。

(一) 立足地方实际,推动民族地区脱贫致富

习近平同志在宁德工作期间,民族工作面临的一个新变化就是,全国扶贫工作的主战场已开始转移到少数民族地区,民族问题更集中地反映在民族地区迫切要求加快经济文化建设的问题上。他从巩固民族大团结基础的高度,阐明了加快少数民族地区经济建设的重大意义。他指出,加速发展少数民族经济,使各民族得到共同繁荣,"这是社会主义时期处理民族关系问题的主要内容,是少数民族工作的主要内容,也是少数民族的根本利益所在"②。因此,必须立足少数民族地区的实际,制定脱贫致富的方针。他强调,要增强少数民族地区自身的"造血功能","发挥当地自然资源优势,根据民族的特点建立自己的'种、养、加'的经济模式"③。为了增强民族地区经济发展后劲,习近平同志提出:"闽东畲族地区的发展要走一条'双向开放'和'双向开发'的道路"④。实践证明,这是一条完全符合闽东民族地区实际的发展道路。

---

① 习近平:《摆脱贫困》,福建人民出版社1992年版,第115页。
② 习近平:《摆脱贫困》,福建人民出版社1992年版,第118页。
③ 习近平:《摆脱贫困》,福建人民出版社1992年版,第121页。
④ 习近平:《摆脱贫困》,福建人民出版社1992年版,第121页。

（二）发挥特色优势，继承和发展少数民族文化

任何民族都有自己独特的传统文化，各个民族的传统文化代代相传，经久不衰，成为民族发展的动力和源泉，丰富了人类的文明。习近平同志指出："畲族人民在漫长的历史中，创造了光辉灿烂的本民族文化，畲族文化在国内占有相当重要的地位，这是我们闽东文化中的一颗璀璨的明珠，是我们闽东地区可以引以为荣的特色和优势。"[①]他提出，一定要把握住闽东的闪光之处，而畲族文化就是一个闪光点。在宁德工作期间，习近平同志高度重视畲族文化建设，多次到畲族乡村了解、感受畲族文化的生存状态，科学谋划了传承和发扬畲族文化的总体思路：一要继承和发扬畲族文化传统中优秀的成分；二要抓紧发掘和整理畲族文化遗产；三要努力丰富畲族人民文化生活。他还建议办一个畲族文化节，拍一部电视音乐片，抓紧修建畲族博物馆，办好畲族研究会和畲族歌舞团；等等。他为保护和传承畲族文化做了大量的工作，激发了少数民族和民族地区共同繁荣富裕的内生动力。

（三）站在战略高度，大力培养少数民族干部

少数民族干部与本民族有着天然的联系，是党和政府在民族地区贯彻执行民族政策的纽带和桥梁。习近平同志指出："大力培养少数民族干部，是党的一项重要政策，是解决民族问题的关键"[②]。针对当时闽东少数民族干部偏少的现状，他要求立即花大力气去抓。在他的大力推动下，宁德地委、行署出台了关于培养少数民族干部的相关政策，采取了一系列措施，提高干部队伍中少数民族的比例。1990年3

---

① 习近平：《摆脱贫困》，福建人民出版社1992年版，第117页。
② 习近平：《摆脱贫困》，福建人民出版社1992年版，第123—124页。

月，宁德地委在《关于做好我区县乡换届人事安排的几点意见》中，要求在少数民族聚居的县（市）班子中注意选配少数民族干部，少数民族人口在 1000 人以上的乡镇配备一名少数民族干部担任党政班子副职或正职。这些政策措施在实践中不断完善，成为宁德少数民族干部工作的重要遵循，延续至今。

（四）树牢服务观念，加强党对民族工作的领导

民族工作涉及面广、政策性强，与其他工作相比具有复杂性、敏感性的特点。在宁德工作期间，习近平同志就十分重视党在民族工作中的领导作用，指出："各级党政领导要经常过问民族工作，行动上要尊重少数民族的合法权益，在经济、文化、教育、卫生等方面，对少数民族都要有适当的照顾。切实帮助少数民族解决迫切需要解决的问题"[①]。他强调各级民族工作相关部门要加强服务观念，并提出具体的工作要求："民委和民政部门要把搞好民族工作作为自己崇高的职责，要经常深入畲族聚居地了解畲族人民的生活，及时反映和解决问题，切实地把党的方针、政策同民族工作的具体实际结合起来"[②]。他还提出："要制定一些扶持少数民族乡村发展的特殊、优惠政策，给他们以更好的帮助。"[③]

二、历史逻辑：闽东民族乡村摆脱贫困奋进历程与成功经验的实践赓续

30 多年来，宁德历届党委和政府始终遵循习近平同志在宁德工作

---

① 习近平：《摆脱贫困》，福建人民出版社 1992 年版，第 125—126 页。
② 习近平：《摆脱贫困》，福建人民出版社 1992 年版，第 126 页。
③ 习近平：《摆脱贫困》，福建人民出版社 1992 年版，第 8—9 页。

期间关于巩固民族大团结基础的理念、方法和要求,把民族工作摆在突出位置,团结带领少数民族干部群众,奋力推进民族乡村摆脱贫困,少数民族各项事业实现长足发展进步,闽东特色民族乡村振兴之路迈出坚实步伐。

纵观30多年宁德持续推动民族乡村摆脱贫困的历史进程,大体经历三个阶段:

第一个阶段(1988—1990年):跨过温饱线。据统计,1985年宁德全区畲族贫困户高达1.6万户,占畲族总农户的50%。1988年习近平同志担任宁德地委书记后,加大对少数民族乡村的扶持力度,民族乡村扶贫开发因地制宜迈出更加坚实步伐,至1990年宁德市绝大多数少数民族贫困户跨过温饱线。

第二个阶段(1991—2012年):蓝图绘到底。解决温饱问题的宁德少数民族,在生产发展上打造"一村一品",在居住条件上实施"造福工程"、茅草房改造,在基础设施上实施"五通五改",着力改善生产生活条件,奠定了共同繁荣富裕的坚实基础。

第三个阶段(2012—2021年):打赢脱贫攻坚战。党的十八大以来,围绕决战决胜全面建成小康社会,宁德市实行一户一本台账、一户一个计划、一户一套办法、一户一支队伍,进行精准帮扶。截至2019年底,宁德市58个少数民族贫困村和6218名建档立卡少数民族贫困群众提前实现脱贫,脱贫攻坚取得决定性成就。

30多年来,宁德少数民族和民族乡村摆脱贫困的历程,是巩固民族大团结基础、促进闽东少数民族共同繁荣富裕的生动实践,走出了一条具有闽东特色的少数民族扶贫开发路子,形成了少数民族扶贫开发的"宁德模式",具有示范性和借鉴意义。其成功经验值得梳理和总结。

（一）始终坚持因地制宜，精准施策，推动民族乡村摆脱贫困

30多年来，宁德各级党委和政府坚持贯彻习近平同志倡导的工作理念，坚持"靠山吃山唱山歌，靠海吃海念海经"，指导和推动民族乡村根据自身资源禀赋，发挥自身优势，因地制宜地发展多元生计模式，形成更加合理的产业结构。大力实施"畲族乡村特色经济发展扶持增收工程"，按照"一村一业、一村一品、一村一景、一村一韵"的发展思路，因地制宜发展特色经济，培育形成一批特色产业基地和"拳头"产品。积极培育新型农业经营主体，通过龙头企业＋合作社＋贫困户、企业联村、品牌打造、村企对接互赢开发等多种产业扶贫发展模式，加快畲族乡村经济转型发展。在全省率先实施"造福工程"，因地制宜选择安置点，将民族村搬迁至城郊、乡镇政府驻地、中心村或在公路沿线建设新村，极大地改善了少数民族群众的生产生活条件。持续推进精准帮扶因户施策，对少数民族贫困户强化精准识别，并建档立卡，帮助村民精准选定脱贫项目，进行帮扶，确保群众真脱贫、脱真贫，同步实现全面小康。2016年2月，习近平总书记与宁德市赤溪畲族村干部群众视频连线时，对乡亲们脱贫致富给予充分肯定，并指出："你们的实践也印证了我们现在的方针，就是扶贫工作要因地制宜，精准发力"[1]。

（二）保护发展民族文化，彰显特色，激发脱贫致富内生动力

30多年来，宁德各级党委和政府认真践行习近平同志关于弘扬民族文化、传播闽东之光的指示，坚持发挥特色优势，把保护、传承和发扬民族优秀传统文化作为增强自信心、促进少数民族共同繁荣富裕

---

[1] 《滴水穿石三十年——福建宁德脱贫纪事》，《光明日报》2018年5月31日第1版。

的重要内容，开展了一系列富有成效的工作：一是推动畲族文化非遗保护传承。组织开展畲族非遗传承人申报评选工作，支持畲族非遗代表性传承人开展授徒传艺、教学、交流等活动。二是完善公共文化基础设施。加强民族乡村文化站、文化室、传习所、传承基地、展示馆等畲族文化基础设施，构建乡村公共文化服务体系。三是开展少数民族文化活动。每年举办"三月三"畲族文化节，带动畲族乡村普遍开展"二月二""三月三""四月八"等畲族传统节庆活动和桃花节、葡萄节等特色民俗活动，提振少数民族和民族乡村的精气神。四是促进传统文化与乡村旅游融合发展。挖掘畲族传统文化素材，开展民族特色村寨建设，并与民俗活动、非遗展示、乡村摄影、美食展示与制作体验、特色商品展销等融合，推动民族乡村旅游。

（三）牢牢把握战略关键，健全机制，培养选拔民族乡村干部

30多年来，宁德历届党委和政府始终遵循习近平同志的重要指示，多措并举，努力打造一支高素质的民族乡村干部队伍。在选拔使用上，出台培养选拔少数民族干部工作实施意见等政策文件，保持少数民族干部比例，推动人才向农村基层一线聚集。在提升素质上，加强实践锻炼和学习培训，把加强实践锻炼作为全面加强少数民族干部队伍能力建设的有效途径，炼出带领民族乡村发展的过硬本领。同时，以各级党校（行政学院）为依托，举办少数民族村村主干培训班，进一步提高少数民族村村主干服务"三农"水平和推动乡村振兴能力。在工作要求上，民族乡村干部要当好民族乡村振兴的领路人，促进民族乡村经济社会事业全面发展；要做好民族团结进步的"明白人"，促进各民族交往交流交融；要成为善用政策资源的"聪明人"，不断挖掘自身的资源禀赋，推进民族乡村振兴。

（四）全面加强党的领导，凝心聚力，促进民族乡村脱贫致富

30多年来，宁德大力传承习近平同志的好思想好传统好作风，坚持全面加强党的领导，千方百计扶持民族乡村经济社会发展。坚持把推动民族乡村发展摆在重要位置，建立市委统一战线工作领导小组民族工作联席会议制度，形成党委领导、政府负责，各单位协同配合，全社会通力合作的工作格局。坚持全方位倾斜扶持民族乡村发展，先后出台帮扶民族乡村加快发展的一系列政策措施，支持民族乡村特色产业发展、基础设施建设、文化传承保护等各项事业。坚持领导干部挂钩帮扶民族乡村，市委、市政府主要领导带头挂钩一个民族乡，联席会议成员单位挂钩帮扶发展相对滞后的民族村，县（市、区）党政领导、部门、企业挂钩帮扶其他民族村，基本实现民族乡村挂钩帮扶全覆盖。坚持党建引领助力脱贫攻坚，把党的建设作为脱贫攻坚的重要引擎，通过"五抓五促"，加强脱贫攻坚一线核心力量，推动"抓基层党建"与"促脱贫攻坚"深度融合。

三、现实路径：新发展阶段视域下推动闽东特色民族乡村振兴的多重进路

党的十九以来，以习近平同志为核心的党中央正式提出实施乡村振兴战略，为民族地区乡村发展提供了新契机。我们要深学悟透习近平总书记关于民族工作的重要思想和在宁德工作期间的重要论述，以及给下党乡乡亲们回信的重要精神，准确把握新发展阶段民族工作的规律和新使命新要求，持续巩固脱贫攻坚成果，打造具有闽东特色的民族乡村振兴路径。

(一) 深化民族团结进步教育，助推民族乡村振兴

民族团结进步事业是一项带有全局性、战略性、长远性和基础性的事业。习近平总书记指出："做好民族工作，最关键的是搞好民族团结，最管用的是争取人心。"[①]"无论是过去、现在还是将来，民族大团结都是我们进行社会主义建设必不可少的保证"[②]。在新时代，民族团结进步教育也是实现闽东民族乡村振兴不可或缺的重要内容。通过开展内容丰富的民族团结进步教育，引导各族群众不断增强"三个离不开""五个认同"意识，把智慧和力量凝聚到促进民族团结、共建美好家园、助推乡村振兴上来，形成一幅和谐共融、欣欣向荣的民族团结与乡村振兴融合发展的图景。通过开展形式多样的民族团结进步教育，凝聚民族团结正能量，传递民族团结好声音，促进各民族感情共融、乡村共建、成果共享，铸就水乳交融的和谐民族关系。通过开展氛围浓厚的民族团结进步教育，铸牢中华民族共同体意识，增强手足相亲、守望相助的兄弟情，促进各民族像石榴籽一样紧紧抱在一起，凝聚起全方位推动民族乡村振兴的磅礴力量。

(二) 壮大特色优势产业，打造民族乡村振兴样本

发展是解决民族地区各种问题的总钥匙，产业振兴是推动民族乡村振兴的基石。在新发展阶段，闽东民族乡村要立足资源禀赋、发展条件等实际，坚持新发展理念，发展壮大特色优势产业。一要加大乡村基础设施建设，改善优化民族乡村产业发展条件。如，提升民族行政村路网建设，完善较大民族自然村通村公路硬化；实施"数字乡村

[①] 《人民日报》2016年5月4日第9版。
[②] 习近平：《摆脱贫困》，福建人民出版社1992年版，第117页。

战略",不断健全农村信息服务体系;加大少数民族公共产品和公共服务的投入,着力从居住、就业、教育、医疗、社会保障等方面改善民生;持续开展民族乡村人居环境整治,努力建设生态宜居美丽的民族乡村;等等。二要扶持发展优势特色产业,增强民族乡村经济的"造血功能"。坚持因地制宜,大力培育茶叶、渔业、食用菌、水果、蔬菜、畜牧业、中药材、林竹花卉及乡村旅游等"8+1"特色产业,持续念好新时代的"山海经"。发展特色产业,深入挖掘民俗文化特色和当地资源禀赋,加快发展特色种养业、农产品加工业和以自然风光和民族风情为特色的旅游业,形成"一村一品""一乡一业"的特色产业格局。实施品牌战略,打造民族特色品牌,以民族乡村特色老品牌带动新品牌、小品牌快速成长,扩大民族区域公用品牌影响力,推动民族特色产业发展。三要巩固拓展脱贫攻坚成果,打造民族乡村振兴的样本。推进脱贫攻坚成果同乡村振兴有效衔接,促进农业高质高效、乡村宜居宜业、农民富裕富足。建立健全动态帮扶机制和返贫监测预警,切实推动民族乡村加快发展,防止规模性返贫。保护好生态环境和利用好生态资源,推动民族乡村走绿色发展道路。加快推进少数民族特色村寨建设,努力打造"全国乡村振兴样板区"。

(三)大力传承弘扬民族文化,为民族乡村振兴注入新动能

习近平总书记指出:"中华优秀传统文化是中华文明的智慧结晶和精华所在,是中华民族的根和魂"[1]。民族乡村振兴,要依靠民族优秀传统文化提供精神滋养。因此,要大力挖掘、保护、传承和弘扬民族特色文化,充分发挥民族文化资源优势,推动优秀传统文化创造性转化、创新性发展,为推动闽东乡村振兴提供强大精神动力。第一,实施畲族文化遗产的系统性保护与传承工程。深入挖掘畲族文化的历

---

[1] 《人民日报》2022年5月29日第1版。

史底蕴和丰富内涵，推进畲族文化遗产的系统性保护。加大对列入国家级、省级和市级非遗项目的扶持力度，倾斜支持民族乡村非遗项目申报各级非遗代表性名录。加强畲族文化展示、传承和交流场所建设，鼓励畲族乡村开设畲族文化传习所。加大民族文化人才培养，支持少数民族非遗传承人带徒授艺。支持少数民族传统体育项目训练基地和民族乡村，开展少数民族传统体育项目训练。支持民族乡村举办"二月二""三月三"等民族节庆活动，打造具有宁德特色、影响力大的节庆品牌，充分激发民族乡村群众参与传播的热情。建设畲族民俗文化风情园等畲族文化阵地，巩固提升省级畲族文化生态保护示范点建设。第二，实施畲族特色文化产业提升与发展工程。依托畲族特色文化，运用市场手段整合畲族民间艺术资源，服务于畲族特色村寨建设。加快推动畲族特色村寨与文化旅游融合，积极培育文化旅游产业，规划若干条畲族乡村文化旅游精品路线，打造一批文化旅游融合发展示范点。深入挖掘畲族传统文化的产业开发价值，选取具有市场潜力的畲族传统工艺、畲族特色食品、畲族青草药、畲族特色民俗，进行产业化开发，带动畲族文化的提升和产业化发展，促进少数民族群众增收致富。

（四）加强和完善党的全面领导，确保民族乡村振兴有效实施

党的领导，是做好民族工作、推进民族乡村振兴的根本政治保证。宁德要做好新时代民族工作，必须坚定不移坚持党的领导，把党的领导贯穿到民族工作的全过程，持续推进民族乡村振兴。第一，加强和完善党对民族乡村振兴的全面领导。各级党委、政府要始终牢记"国之大者"，把民族乡村振兴摆在更加突出的战略位置进行谋划部署，不断完善民族乡村振兴顶层设计，并在实践中不断提高民族乡村振兴的针对性、有效性。要筑牢基层党组织战斗堡垒，大力推行过硬支部建设，抓好党员先锋作用发挥，高标准打造党群服务中心，构建

为民服务新平台。第二，充实壮大乡村干部与人才队伍。培养和提升乡村干部的素质与能力，打造一支政治过硬、敢于担当，热爱民族工作、善做民族工作的乡村干部队伍，切实发挥他们在民族乡村振兴中的桥梁纽带作用。加强人才队伍建设，通过培养一批实用型技术技能人才，引进一批科研技术人才，鼓励一批大学生和创业人员返乡，为民族乡村振兴提供人才保障。第三，切实提高民族乡村治理水平。全面落实宪法、民族工作法律法规和民族政策，进一步完善民族乡村法律体系，为促进民族乡村振兴提供司法保障。大力推进体制机制创新，强化民族乡村振兴的制度性供给，确保民族乡村社会的有效治理。健全完善民族乡村村民自治制度，全面提升民族乡村村民参与社会自理的意识和能力，共同推进乡村振兴。

　　时代需要创新，唯有创新方能发展。进入新时代，少数民族和民族乡村迎来了新的发展机遇。我们要深入学习贯彻习近平总书记关于民族工作的重要思想和在宁德工作期间的重要论述，全面总结闽东民族乡村摆脱贫困的奋进历程与生动实践，牢牢把握新发展阶段民族工作的特点和规律，以创新的姿态绘就闽东特色民族乡村振兴的壮美画卷，奋力谱写新时代民族工作创新发展的宁德篇章，不断为"弱鸟先飞，滴水穿石"的闽东精神注入新的时代内涵。

服务型治理：乡镇社工站的运作逻辑与实践机制

姚进忠　林悦盈[*]

一、问题的提出

积极引导社会力量参与基层治理是夯实国家治理体系和治理能力现代化基础的重要途径。《中共中央关于制定国民经济和社会发展第十四个五年规划和二〇三五年远景目标的建议》强调："发挥群团组织和社会组织在社会治理中的作用，畅通和规范市场主体、新社会阶层、社会工作者和志愿者等参与社会治理的途径。"随着"十四五"规划的落实，民政部提出要在"十四五"期间实现全国乡镇（街道）社工站基本全覆盖。乡镇社工站建设成为促进基层治理现代化的重要命题。学界普遍认为，乡镇社工站建设的推进为新时期专业社会工作的发展带来新机遇。抓住机遇需要彰显社会工作的社会性和专业性，提升专业效力。但由于制度建设、社会组织承载力、专业认受性困境、专业人才流动性大、服务能力不足等问题，各地乡镇社工站建设受到制约，导致政策实践与现实需求满足存在落差，专业实效性有待充分激发。与此同时，我们需要注意到，当前的研究主要集中于探讨

---

[*] 姚进忠：集美大学海洋文化与法律学院副院长，教授，硕士生导师，《集美大学学报》编辑部主任。林悦盈：复旦大学社会发展与公共政策学院硕士研究生。

乡镇社工站建设的功能角色、可行性、要素研究等方面，属于应然性的思辨研究，乡镇社工站的实然研究仍然存在"黑箱"，也无法客观检视现实情境下乡镇社工站参与社会建设和社会治理的功效。换言之，厘清乡镇社工站内在的实践逻辑，才能更好地理解新征程下社会工作参与社会治理的制度和实践冲突，才能更好地论证社会工作激发基层活力的内部机理。基于此，本研究提出以下问题：乡镇社工站是如何运作的？即政府、社会工作、服务对象等主体的互动方式和关系特征是什么？如何有效整合递送一揽子服务？在这个过程，服务型治理是如何生成的？又如何依托乡镇社工站这个载体促进乡村治理活力的提升？

二、乡镇社工站建设研究回顾

作为一个新兴产物，学界对于乡镇社工站的功能定位众说纷纭。在民生服务方面，推动乡镇社工站的建设有助于破解基层民政服务力量薄弱的难题，从而衍生出强化基层社会治理的重要功能。在专业发展方面，统一、全面地设置乡镇和街道社工站，有利于突破社会工作区域发展不平衡的瓶颈，推动社会工作的全面发展。在乡村发展方面，乡镇社工站的建立有利于巩固拓展脱贫攻坚成果，助推乡村振兴战略的实现，促进农村社会基础的再生产。针对如何从实践上体现或实现以上功能角色的阐释散落于相关研究之中，涵盖多重主体互动、角色调适、运作模式、服务优化与发展建议等主题。

参与主体的关系研究。乡镇社工站是经历多次探索后形成的一种新的基层社会工作体制模式，治理网络之中包含政府、社会工作、慈善组织、服务对象等众多的行动者。多元主体的参与有利于提高决策和服务递送的效率和有效性，但多重利益之间的冲突也可能会提高决策成本，阻碍决策过程。因此需要理顺参与主体的关系，从稳固、信任的关系建设之中促使决策功效的最大化。进而，需要识别以下两种关系：第一是政府和社会工作之间的关系，有学者提出政社之间的关系是嵌入性合作关系，呈现出组织体系深度互嵌、功能角色吸纳互补、行政主导专业建构等突出特点；也有学者提出只有当政府与社会工作的关系是互为主体的，才能够保证社会工作的专业性。总的来说，学界都强调自主性对于社会工作参与社会服务和治理的重要性。第二是社会工作和服务对象之间的关系。社会工作进入农村（乡镇）场域服务是一种"他者"的位置，为了更好地融入当地，开展服务，社会工作者首先要自我承认与当地居民的生活世界存在差异性，最大化地拉近彼此之间的距离。具体而言，遵守扎根社区的原则，通过人才在地化策略以保证社会工作者的"在场"专业优势。总而言之，在三元环境之中，社会工作者必须在新公共管理理念和社会公正等基本社会工作价值原则之间找到平衡。

运作系统的要素和模式。乡镇社工站的运作主要有三种方式，一是直聘模式，社工站面向当地招聘持证人员，借助外部专业组织和高校专业力量进行持续性的专业督导；二是"公办民营"，依靠政府购买服务的方式，将社工站交由专业性社会组织来督导和托管运营；三是混合模式，一部分通过政府购买由运营机构配备，一部分为本土新招培养对象。对于服务的重点，基本形成了以帮扶解困与社会发展为核心内容的社会工作专业服务的共识，确保兜底的同时促进个体能动与社会发展齐驱并进。因此，在具体服务策略方面，主要遵循"发现的逻辑"和能力建设的思路，将问题置于社会关系网络、社区资源网络、政治生态网络之中进行综合分析，从而使工作更为精准有效。总之，需要转变以往项目制的短期服务思路，通过相关制度安排来保障社会工作站的常态化运作和可持续服务，避免社会工作服务的异化。

行动困境与对策研究。目前各地在推进乡镇社工站建设的过程中仍存在制度保障不完善、乡镇财政经费紧张、专业人才队伍缺乏、专业督导力量不足、服务效能认识模糊等制约因素。基于此，学界主张从人才队伍建设与督导体系优化两方面提出解决对策。在人才队伍建设方面的应对策略体现为顶层设计的支持与专业服务能力的提升。一方面，在顶层设计上整合现有的人才存量，进一步推进人才队伍的专业化、职业化和在地化建设。另一方面，"环境中的农村社区"要求培育社会工作者的文化敏感性，提升社会工作者非正式资源的利用能力。在督导体系的优化与建设方面体现为督导模式自上而下的完善，可以在县（市）社会工作指导中心中设立专职督导，也可以通过培养和培训的方式使乡镇（街道）社工站的负责人成为其所在社工站的督导，更好地提升服务供给质量。

纵观文献，目前关于乡镇社工站建设的研究方兴未艾，为探究乡镇社工站的服务运作逻辑奠定了良好的基础，但大多是对乡镇社工站建设的重要性、功能角色和基本要素进行探讨，呈现了乡镇社工站的应然设计情况，缺乏现实情境下乡镇社工站运作样态的研究，尚未能解释功能作用如何发挥的前置性议题，这不利于系统性考察乡镇社工站建设的深层次困境。因此本文通过探究乡镇社工站的实然运作，明晰服务内生逻辑，以推动乡镇社工站高质量发展。

三、研究框架：基于服务型治理理论的设计

基层治理的"碎片化"困境呼唤政府、市场与社会多元主体共同

治理的社会共治模式的出现。社会工作参与多元治理的特点是服务型治理，即通过服务来实现治理——对利益相对受损者开展服务以实现利益关系的相对平衡，进而达到该领域关系的有序和持续。其背后蕴含的理论假设有二：一是国家（政府）和社会之间的关系朝向"强国家—强社会"的方向发展，出现多元主体共生的局面，国家与社会良性互动、分工协作，强调平等参与、协商、共识达成；二是积极公民理念，公民不仅是福利的使用者，也是寻找问题解决的积极行动者。通过积极参与，公民越来越多地在公共和社会政策的制定、实施和评估中发挥作用，甚至当发生问题的时候，能够主动参与基层公共事务，发起协商调解、化解和解决问题的集体行动，即基于信任网络、公共性和文化特质的社区成员共同参与的自组织治理。

从这种预设出发的社会工作服务包含以下相互关联的核心要素：第一，以人民为中心，以服务为本位，借助社会工作的价值观念、参与身份以及专业技术优势，与服务对象建立信任关系，以满足其底线性需要，而且在服务过程中发现问题，将矛盾化解在基层。第二，液态角色属性，在横向服务之中与相关各方建立合作关系，打造公共治理平台，整合服务对象、社会组织、政府等主体力量，多方协同传递社会福利；在纵向服务上，发挥社会工作的"社会性"，向上反馈政策建议，建立健全社会保障体系。第三，整合功能，社会工作秉持系统治理的思维，将基本民生问题的解决与人的发展和良性社会秩序的建构相联系，关注结果和过程中的改变，追求成效的稳定性和持续性。第四，人民安居乐业和社会善治的最终指向，社会工作服务型治理的本质是一种发展型或能力建设型治理，以服务促进社会治理。基于多元主体的协同治理，本研究尝试构建了一个更具操作化和指导性的乡镇社工站分析框架（见图1），并借助该视角来审视乡镇社工站是如何运作的，从中剖析各主体的作用和互动关系，为乡镇社工站的建设行动提供方向指导。

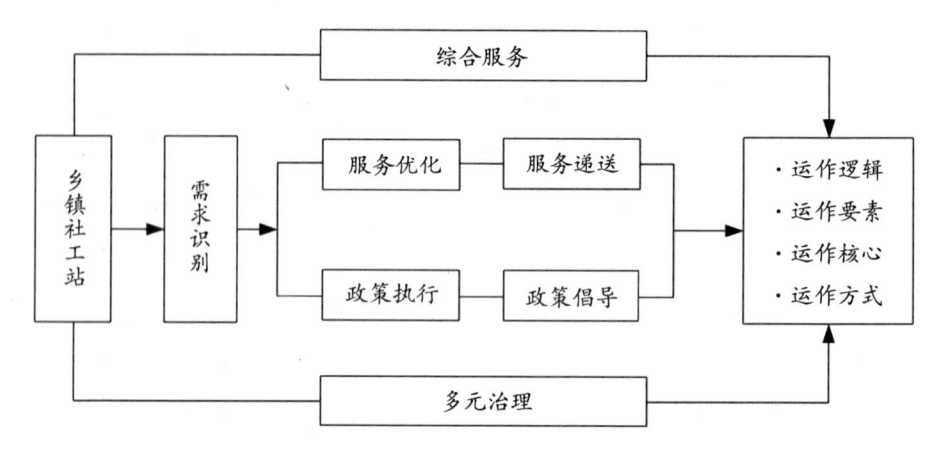

图 1 社会工作服务型治理分析框架

资料来源：作者自制。

四、研究方法与设计

　　定性研究方法指的是在自然环境下，使用实地体验、开放型访谈、参与型和非参与型观察、文献分析、个案调查等方法对社会现象进行深入细致和长期的整体性研究。其中研究者本人是主要的研究工具，通过与研究对象的长期互动对其行为和意义建构获得解释性理解，收集更为真实和丰富的资料。福建省高位推动乡镇社工站建设，截至 2022 年 3 月已有 53 个县区成立了社会工作指导中心和社工总站，乡镇（街道）社会工作服务站总计 1101 个，受益群众达到 33.1 万人，成效显著。研究在确保可及性和适切性的基础上，依据目的抽样的原则，选取了福州市、厦门市和三明市共 3 个城市，其分别位于沿海和山区，保证样本差异性。由于福建省内乡镇社工站多采用政府购买服务的方式，依据质性研究的典型性与最大信息量原则，在 3 个城市中进一步筛选出 3 家于农村社会工作服务领域卓有成效的社会工作服务机构并据此展开调查研究。与3家社会工作服务机构建立联系、查阅机构资料之后，我们于2021年4月至2021年10月对3家机构所承接的5个村级社工站点进行实地走访、深度调研。下表1为所选取的样本社工站点基本信息情况。

表1 样本站点基本信息

机构名称	承接站点	基本介绍
TL社会工作服务中心（F市C区）	BH村社工站	地处F市C区ZG街道东部沿海，全村"三留守"人员多，成为社区治理的一个难点。2017年，采用政府购买服务的方式，委托社会工作服务中心入村开展专业化服务。2020年，BH村被评为全国首批农村幸福社区建设示范单位。目前在岗社工5人，其中海外留学硕士2人，社工专业3人。
	BM村社工站	地处F市C区HS镇东北地段。全村总户数1432户，总人口5281人。BM村内现有多家企业，且有较多村民在外经商办厂，村民整体生活水准高。于2020年成立村级社工站。目前在岗社工4人，社工专业2人。
GTA社会工作服务中心（S市N县）	FT乡社工站	位于N县西南部，人口有498户2053人，民政对象集中。该村社工服务点依托幸福院设立，现有片区中心站挂点专业社工1名，村级救助协理员1名，本地社工网格化志愿者23名。该站点的互助养老经验做法入选民政部和国家发改委典型案例。
	PS村社工站	位于N县CF镇，历史悠久，是著名的革命老区。全村共有596户2630人口，12个自然村，16个村民小组。现村庄内部以留守老人为主。为接受更好的教育，学龄儿童随母亲去县城上学，形成"一家三地"的格局。2017年PS村改建闲置的旧小学为农村幸福院，为农村高龄老人提供互助食堂。目前拥有在岗社工2人。
QT社会工作服务中心（X市JM区）	KN新时代文明实践站	立足本土特色，通过"三社联动、两工互动"的模式回应服务对象需要，同时整合零散的社区公益和非公益资源，建设公益平台，促进多方的参与。目前拥有在岗社工3人。

本研究以基层社工站为单位，在收集资料的过程中把握多证据来源，遵循个案饱和原则，具体运用焦点团体访谈、个别访谈、实地走

访等方法进行资料收集。访谈对象包括乡镇民政局相关负责人、村"两委"、社工服务机构项目主管、一线社会工作者等18位服务供给方,主要访问其关于服务对象需要的识别情况、服务成效、乡镇社工站建设存在的瓶颈以及建设建议;还包括幸福院理事会成员、志愿者骨干、农村老人、农村妇女、农村儿童等19位服务对象,访问其相关经济收入和保障情况、居住状况、健康状况、就业及教育情况、社会支持和社会参与情况等。研究采用"样本性质+社工站点+称呼缩写"方式对两类研究访谈对象进行编号,其中"1/2"代表样本的性质,1代表服务对象,2是服务供给方,如"1-BH-KSJ"和"2-BH-LF"(见表2和表3)。

表2 服务对象访谈基本特征表

编号	姓名	性别	年龄	居住地址	备注
1-BH-KSJ	KSJ	男	70岁	F市C区BH村	
1-BH-LFY	LFY	女	55岁	F市C区BH村	
1-BH-LXY	LXY	女	52岁	F市C区BH村	
1-BM-YTJ	YTJ	女	50岁	F市C区BM村	
1-BM-GBD	GBD	女	35岁	F市C区BM村	
1-PS-ZLN	ZLN	女	75岁	S市N县PS村	PS村幸福院理事
1-PS-LSG	LSG	男	76岁	S市N县PS村	PS村幸福院理事
1-PS-ZSG	ZSG	男	86岁	S市N县PS村	
1-PS-LRY	LRY	女	72岁	S市N县PS村	卖辣椒为生
1-PS-YJN	YJN	女	86岁	S市N县PS村	
1-PS-CCS	CCS	女	70岁	S市N县PS村	果园除草工作
1-PS-FXL	FXL	女	33岁	S市N县PS村	村里面管理电脑
1-PS-FLT	FLT	女	11岁	S市N县PS村	母亲患精神障碍
1-PS-FH	FH	男	10岁	S市N县PS村	贫困户
1-FT-ZQQ	ZQQ	男	72岁	S市N县FT村	FT村幸福院理事
1-FT-FS	ZFS	女	89岁	S市N县FT村	

续表

编号	姓名	性别	年龄	居住地址	备注
1-FT-ZSP	ZSP	女	80 岁	S 市 N 县 FT 村	
1-FT-CY	CY	男	60 岁	S 市 N 县 FT 村	FT 村村医

资料来源：作者自制。

表 3　服务供给方访谈基本特征表

编号	姓名	性别	工作单位或站点	职务
2-TL-LF	LF	女	TL 社会工作服务中心	项目主管
2-TL-WH	WH	女	BH 村社工站	项目主管
2-TL-WX	WX	女	BH 村社工站	项目社工
2-TL-ZY	ZY	女	BH 村社工站	项目社工
2-TL-LYD	LYD	女	BH 村社工站	项目社工
2-TL-QRX	QRX	女	BM 村社工站	项目社工
2-TL-LSZ	LSZ	女	BM 村社工站	项目社工
2-TL-WYZ	WYZ	女	BM 村社工站	项目社工
2-GTA-CX	CX	男	N 县 CF 镇社工站	项目社工
2-GTA-XM	XM	女	N 县 FT 乡社工站	项目主管
2-GTA-CT	CT	男	N 县 FT 乡社工站	项目主管
2-GTA-ZSJ	ZSJ	女	N 县 FT 乡社工站	项目实习生
2-GTA-ZHM	ZHM	女	N 县 GTA 社会工作服务中心	总干事
2-PS-FYH	FYH	男	N 县 PS 村	村支书
2-FT-ZZR	ZZR	男	N 县 FT 村	村主任
2-KN-CHL	CHL	女	KN 村社工站	项目社工
2-KN-XY	XY	女	X 市 G 镇政府民政社会工作口	负责人
2-KN-SJ	SJ	男	X 市 G 镇 KN 村	驻村第一书记
2-KN-KNS	KNS	女	X 市 G 镇 KN 村	村"两委"工作人员

资料来源：作者自制。

在研究伦理上，遵循知情同意原则、隐私保密原则、客观真实原则以及公平回报原则。每次访谈之前将研究目的及其意义告知服务对象，在征得其同意之后全程录音。访谈结束之后将录音转录成文本（逐字稿），形成原始访谈材料，以保证资料的真实性和完整性。此外，在访谈结束之后，研究者会针对社工在乡镇社工站建设中的困惑或发展计划提供督导支持，以促进社工站服务质量的提升。研究使用归纳法对资料文本进行分析，围绕研究核心概念对访谈录音转录的文本具体剖析提炼，进一步总结乡镇社工站的运作逻辑，揭示社会工作者在农村服务对象需要满足过程中的行为与结果，由表及里建构内在演化逻辑与作用关系。

五、乡镇社工站的现实运作逻辑与困境

鉴于当前乡镇社工站的建设是自上而下推进的，中央和省级政府发挥着不同程度的作用，但由于存在"目标明确、路径模糊"的特点，各地的实践落地过程存在差异性。接下来，我们将借助社会工作服务型治理分析框架，审视福建省3个市5个社工站点的调研资料，从运作要素、运作核心和运作方式3个方面分析基层社工站精准帮扶服务的行动逻辑，进一步考察基层社工站的实践困境。

（一）运作要素：多社联动，协同性治理

1. 多元协同治理网络

治理是有共同目标的活动，其决定性特征是形成了合作信任、脉脉相通的网络关系。在这个互动网络之中的所有行动者有其特定的角色和责任，充分发挥已有知识与资源的优势作用，协作互通，助推政策落地实施。乡镇社工站服务体系逐步完善，构成以党、政府、市场、社会、家庭和个体为主体的多元治理格局。

在这个过程中，多方力量相互作用，在共同的信念和目标驱使下，不断进行磨合和融合，开展集体行动，以达到同频共振，发挥最大化的服务效果。社会工作结合"五社联动"治理格局，发挥其液体角色的作用，挖掘农村社区优势资源，促使不同群体之间的社会互动及其过程中情感能量的传递，大大提升了村民的获得感和满足感，更是撬动乡村活力的重要杠杆，增加了村民的主体意识、社会组织以及企业的社会责任感。BM 村的 G 女士笑着感叹："以前我每天都在忙孩子的事情，觉得自己其实根本没有社交，来到这边以后跟她们每个星期入户探访那些老人家们。每天总觉得很充实，感觉自己好像现在挺有价值了，每一天都很有干劲的那种，很感谢（他们）。"（1-BM-GBD）

2. 不断磨合的互动关系

在参与服务的过程中，各主体有各自的目标、责任和义务，如何达成较为一致和有序的合作呢？研究发现，主体之间的互动过程是动态性的，势必要经历多轮或明或暗的目标、资源流动的洽谈、多方面的调适和匹配。

社会工作专业力量入驻乡镇（街道）不可避免要面对与社区多元主体的互动，其中十分关键的是政社关系、社会工作者与当地居民的关系。在这两种关系的初步建立中，社会工作者虽然能够秉持国家主导逻辑，采取自上而下的规划行动，但如何真正获得当地政府的支持与居民的信任仍是一个需要思考的问题。由于中国社会工作事业仍处在发展期，乡镇社工站的实效合法性身份模糊，初期基层政府和当地居民还处于观望的状态。加上中国的求助关系是比较谨慎的，具有消极、相对主动性以及感情方面的我群观念。此时社会工作采取的策略是取得制度信任，发展人际信任。

"因为他们不理解社工是什么，所以我们进村服务的时候一般说自己是民政局的，村民可能不知道社工是什么，但是他们都知道我们是来服务的。"（2-GTA-ZHM）可见，当地居民即使无法理解社工，但社会工作者的"类政府"身份已获得居民的认可。社会工作者以政府工作人员和居民的制度信任为起点，其间见证了村"两委"、村民小组组长以及村民等由被动接受到逐渐建立起对社会工作力量认同的过程。但依靠专业力量产生的持续性影响较弱，无法从本质上提升群众的专业认同。我们在分别对 N 县 FT 村主任、PS 村支书以及驻村社工的访谈中发现，农村社区主官与社会工作者之间虽然维持着良好的关系，但实际上双方之间对未来发展的具体目标是不一致的。比如 FT 村支书谈到下一步的规划是修建步道、扩建幸福院等硬件设施，而社工的目标是农村特殊群体农副产品的产业推广以及打造研学基地。其实二者的最终目的都是为了促进村庄整体生态的优化，却没有进行目标的整合，这不仅对村庄在乡村振兴阶段的发展是不利的，同时也会给政社关系带来不良的影响。

通过进一步比对不同研究点的互动关系，我们发现社会工作对互动主体的利他价值观的引导是否到位是互动关系转变的重要变量，即社会工作服务的支持力度很大程度上取决于基层政府和村干部、村民对社会工作认知的主观建构，而社会工作在发挥专业性作用的同时，需要利用自身的主体间性特征，引导各主体摒弃片面的利他主义价值观，只有真正形成共识，效益才能得到进一步的提高。

"这是上下结合的一个过程。就是政府有作为，但是如果下面，比如说志愿者队伍，没有给村里分担，那人家也觉得白费。但是下面的人有分担的话，村里看到的话对村民给予肯定，对于群众来说是很大的激励。所以它是一个双向的关系，就跟谈恋爱一样。"（2-TL-LF；1-BM-GBD）

（二）运作核心：以社区为载体，综合性管理

1. 以救助帮扶为切入点

救助帮扶是由国家或社会为弱势群体所编织的安全网制度，是基

层社工站社会工作者的首要任务,即利用专业优势链接第三方资源,将物质帮扶和心理社会相结合,协助农村困境人群解决问题,满足其生存和发展需要。

第一,需求评估与个案辅导。通过入户走访、建立档案、识别潜在的民政对象,并进一步评估农村困难群体及其家庭的需要,为服务对象疏导情绪,建立服务对象的希望感,消除对政策的误解和问题的非理性信念。"有一个服务对象之前是保安,后来意外从高处摔下来脑出血,就没出去工作,他想申请低保,但是没申请下来,就很有意见。实际是因为家里老婆和孩子都在工作,达不到条件。第一次邀请他来参加活动,他说直接给我发钱就好了。后面通过个案咨询和小组活动,慢慢接触,在活动当中解读政策,促进理解。"(2-KN-CHL)

第二,救助政策的递送和执行。联动相关部门,将国家基本生活救助和专项救助等各类政策宣传、递送至需要人群,协助服务对象渡过难关的同时提升其生活质量,增进服务对象对政府的信任,拓宽政策的惠及面。"伍老伯的家庭有多位残疾成年人,却未办理残疾证,生活问题凸显。社工及时联动当地村委、县残疾人联合会,帮助服务对象儿媳妇及其一双儿女办理残疾证,链接当地民政办申请残疾人两项补贴资金和事实无人抚养儿童补助金,大大提高了一家5口的生活水平。"(2-GTA-ZHM)

第三,社会资源的链接。发挥社会工作资源整合者的角色,积极开发和整合辖区内政府、企业以及社会的资源,形成救助合力,更好地递送服务,提高资源的效用,织密扎牢保障网络。"刚开始来的时候,发现他们整个生活环境是特别糟糕的,所以我们当时跟村委商量之后找出了最需要帮助的那几户,结合村里的企业家协会'仁爱之家'做了一个安居项目,给困难人群修房屋和厕所。"(2-TL-WYZ)

2. 以社区共治为着力点

针对农村公共精神缺乏、公共参与意识淡薄、村民边缘化等问题,社会工作者从强化村民人际互动关系入手,倡导其发挥自身优势和能力，参与新农村建设，以提升村民的主人翁意识，加强邻里团结，达到人与环境的动态平衡。

首先，形成良好的社区文化。借助幸福院、"儿童之家"等公共空间，引导村民走出家门，组织开展集体活动，以促进彼此之间的互动、联系和支持，形成互助和睦的社区氛围。此外，社会工作者还通过整合乡村有形和无形的文化资本，联动农村"一老一少"创建具有本土特色的公共文化生活，以提升村民的文化自信和主体性，强化身份认同感。"有一些志愿者还带领这些老人进行排练，去学校给孩子讲乡村的文明发展史及农耕的一些知识、当地的非遗文化，这就弘扬了我们本土的文化，让小孩子有了解、传承。"（2-GTA-XM；2-GTA-CT）

其次，推动各类自组织的成立。以各类社会组织的成立为突破，使其成为增进村民社会参与的催化剂，在参与中提升村民的自我效能感和社区归属感。"我们这边有结对帮扶，70岁以下的帮助80岁以上的，总共有8个助老员，一共分了4个组，一个组有6个人，规定每个月去家里见面2次，去问一下身体状况、家庭生活什么的，有情况就反馈给村里面和社工。反正本来大家就是邻居，没事就会过去看一下。"（1-FT-ZQQ）互动不仅加强了彼此之间的联系，提升了社会资本，同时也促进了老年群体的社会参与。

最后，促进村民的参与和服务。借助社会组织的建设和服务，动员农村老年群体、儿童等的全方位参与，共同解决公共问题。以BM村宣传墙小广告繁多且村委屡禁不止问题为例。社会工作者召集村委工作人员、村民志愿者骨干共同商议解决问题策略。一方面链接有绘画专长的村民和志愿者，另一方面招募儿童青少年参与绘画和维护周边环境，形成共同参与社区营造的氛围，自下而上共同参与美化公共空间，促使多元群体在参与中获得社区心理认同，并提升了社区参与意识和能力。

乡镇社会工作站的社会工作服务以社区为载体，以个案救助和社区共治为服务内容，采取综合性的社会工作服务方法，一方面通过需求评估、政策实践及资源链接为服务对象提供救助帮扶，另一方面通过社区文化的培育、社区组织的成立以及社区居民的动员以促成社区共治。

（三）运作方式：激活—习得—行动

现实情境下社会工作者以社区为载体，将回应村民多样化诉求和村庄发展需要有机结合，以实现群体福祉和社区建设的双重目标。具体可分为3个递进循环的步骤，即激活（主体培育）—习得（机制建构）—行动（机制运转）3个阶段。其中，3个阶段交互运行、相辅相成。

1. 激活：主体培育

"主体培育"阶段指社会工作者基于社区评估，一方面以活动聚集人气，以互动建立关系，另一方面通过社区文化的培育、志愿者队伍的孵化，激发社区居民的主体意识。农村社会工作者作为陌生的外来者初入村落，致力于了解村庄的历史文化背景、绘制社区需求资源地图，与村内各利益方建立良好的关系，另外，社会工作者通过活动的开展吸引社区居民的参与，使社区进入大多数人的公共视野并于互动过程中培养社区主人翁意识。

随着服务的推进，一些因农村特殊群体衍生的原有惯习和文化传统与现行服务适应冲突导致的问题由此暴露。其一是服务方式的转变与调适。对农村特殊群体的原有关爱方式主要以资金发放为主，农村社会工作者入驻之后，举行晚会等农村活动时并不会予以补贴，使得部分村民对社会工作服务产生抗拒心理。其二是因为面子和尊严问题，他们拒绝接受社会工作者和志愿者的帮助。"这边很多都不愿意把自家的困难传出去。我们本来想说通过送乐菜园种的菜了解独居老人的安全状况，但有的老人送菜给他们，他们还不要，让我们不用来了"。(2-TL-ZY；1-BH-LFY)其三是链接而来的志愿者具有短期性的特点，对项目运转不利；而受传统社会性别规范的影响，在地的农村妇女志愿服务动力不足，志愿者流失率高。"村里说闲话的人特别多，说你一个家庭妇女天天往那边跑干什么？自己家里都不管了，家里婆婆也会说，然后就没有个支持动力，让她继续留在那里。"(2-TL-LF)

面对上述阻碍，农村社会工作者建设性地依据村落关系为本的文化基础，在志愿者队伍的建立上，寻找村落原有的人脉关系广、口碑佳、说话有分量的老人（领袖），进一步培育其成为志愿者骨干，从原有稳固的熟人关系来发展志愿者。通过在地化志愿者的行动和宣传，转变村民对社会工作的认知，实现社会工作的有效嵌入。

对于农村特殊群体和村庄整体来说，此阶段是"受助"和"他助"相结合的过程。社会工作者通过扮演服务提供者和支持者的角色，协助农村困难群体纾难解困，增加生活的希望和信心，提升社会支持感；同时在没有志愿者文化的乡村传播和植入慈善利他理念，增加村民的联结感和归属感。

2. 习得：机制建构

志愿队伍的建立是活动开展的第一步。下一步要思考的是如何从非正式的关系之中构建一个较为正式的管理体系，以维护服务的本真和效度。首先，志愿者管理体系的建构主要分为两个部分，一是基于横向功能的志愿者队伍的划分，二是基于纵向能力的志愿者队伍划分，两种队伍相互配合，共同服务。由此形成"纵向管理、横向服务"的志愿者队伍管理体系。

"有很多妇女刚刚走出来，想要去做志愿者，她们有恐惧心理，可能就流失了。我们就跟志愿者们一起商讨，设立3个梯队：第一个属于骨干的梯队，负责关照别人、管控岗位。比如我们社区活动分岗位的时候，他们就1人负责1个岗位。然后旁边再配2个已经有志愿服务基础的，再留两个流动岗位。这2个要把新来的照顾好，让会做

的去做，让其发挥作用。岗位上的互动，增进了她们彼此之间的友谊。"（2-TL-LF）

第二，机制的建构以"造血式"服务为目标，培育志愿者的能力。为了保证服务的科学和有效，社会工作者会链接相关资源，采用村民喜闻乐见的形式对志愿者进行系列培训。其内容包括志愿者的价值和技巧培训，如志愿精神的传递、生命教育课程、科学的推拿康复技巧等，也包括志愿者内部的分享式培训，如通过情境演绎的方式总结和分享入户访谈的经验技巧、风俗人情的注意以及突发状况的处理。这个过程中，村民志愿者也是主角，培训不是社会工作者志愿知识的强势输入，而是双方平等建构、互相学习的过程，通过引导志愿者自我反思和评估，提炼"当时当地"的服务模式。

"做志愿者的这些姨母也很热心，会在入户的时候告诉别人一些治疗头痛的土方子，可能不那么科学，所以我们就请医生来给大家培训，教科学的推拿、量血压等等，所有人都操作一遍。然后就引导她们要注意自己服务的'专利权'，要传给村民健康正确的知识。"（2-TL-LF）

"我们入户回来就一起座谈，之后总结这些经验。比如初一、十五不能去走访，看老人不能坐在人家的床头边等等这种习俗。入户的时候也会一个聊，一个记，如果遇到问题，回来之后就一起讨论解决方法，一起总结然后同时也给新的志愿者传授经验。"（1-BM-YTJ；1-BM-GBD）

第三，议事厅的成立与共商村事。议事厅作为一个重要的对话枢纽，也是村民自治主体性得以高度发挥的平台。社会工作者牵头建立村民议事厅，启发村民关注乡村公共议题和困难群体的需要，推动村民自身困难和村庄发展困境的有效解决。"很多节点的服务、活动的筹备、策划合不合理，需要跟他们（志愿者）一起商讨，调整方案，要看一下怎么做。支书每个月也会过来坐一坐、聊聊天，看下可以再往哪里做点什么事情。就是说有个共商的过程。"（2-TL-QRX）

当然，就村庄议题如何发出自己的声音并不是一个简单的过程，村民经历了由拘束、紧张到主体的自我确认，再到与支书和社会工作者对话的变化。"第一次的三社联动议事，大家相对比较拘谨。支书说，你们有没有什么想说的，没人说。后来，慢慢话就多了。比如说我们抛出一个议题，他们是有想法的，真的是有交谈空间的，拿出很多意见。"（2-TL-LF；1-BM-YTJ）在这个过程中，社会工作的核心是培养村民对公共事务的主动参与的意识和自治能力，使其成为真正的建设主体。

机制建构的过程是由"他助"向"自助"转变的历程。通过对村民赋能，调动和发挥村民的能动性，开发村庄的多重功能，构建了"纵向管理、横向服务"的立体式志愿服务网络。村民在参与的过程中习得了一定的技能，实现了自身的价值，培养了社区建设"主人翁"的意识，促进了邻里的交往和联结。

3. 行动：机制运转

机制运转阶段的重点是借助项目的运行和公共议题的探讨来促使村民实质性地参与社区治理，巩固自治意识。其中，机制的运转表现为以下三方面的内容。其一，社会工作者与多元主体的协商共议行动。社会工作者通过将志愿者入户探访和服务的过程中收集的村民需要进行统合，进一步依托公共议事的平台，将公共议题抛出探讨，以确保需要的满足，维护村庄的和谐稳定。

"我们有成立一个一对一帮扶的队伍，低龄的、健康的老人，帮助高龄、高风险的老人，老人有什么身体突发情况的时候，志愿者就会联系到社工或者村医，把他从家里带过来这边看。有些人住得比较近，志愿者可能隔三岔五去他们家里看一下老人的情况，或者有些老人家自己一个人在家做饭的，有些志愿者会送一些菜过去给他。入户探访回来之后还需要填一个表，记录一下。"（1-FT-ZQQ；2-GTA-XM）

其二，社区社会组织回应社区需要的行动。一般来说，农村的志愿者队伍、幸福院理事会等没有经过正式的备案登记，但随着志愿者服务的持续推进，能够在社会工作者的催化下逐步回应村民个人的困难和村庄治理发展的需要，特别是在困难结对和边缘户帮扶、互助养老、疫情防控以及人口普查等方面发挥了重要的作用。与此同时，这也重构了志愿者与村干部等行政体系的关系，极大激励了村民志愿者，扩大了社会工作的延伸效应。

"我们协助抗击疫情，帮助做核酸检测、分口罩，让他们（村委）一下子就轻松了很多。第二次是打疫苗，上面让村里面把所有的村民都给登记上去，村委人手不够，然后你们（社工）叫我们志愿者来帮忙做了一个星期，现在村委看到我们就很感谢，后面说还要带我们去农庄团建。"（1-BM-GBD）

其三，社区多元主体的协同与带动。真心换真心。社会工作者、村干部以及志愿者等多方力量的协同和带动，重新打开了农村熟人社会的特性，加强了邻里支持网络的建设，唤回了村民对"集体性"的关注和热情，促使其由"观望"到"参与"的积极转变。

"刚开始就问你是谁啊？现在他们都知道我们这群人，有社工有志愿者，还会给我们宣传，在市场碰到跟你打招呼，就没有那种防备的心，这个我感觉很好，本来邻里都没什么联系。现在还会帮忙，跟我们说那个谁需要帮助。就像我上次入户一个姨母，她是个哑巴，拽着我一直让我去后面看另外一家需要帮助的，后来我就跟她去看一下，然后她特别高兴。"（1-BM-YTJ；1-BM-GBD）

乡村社会的善治不仅依靠国家的制度供给和资源输入，还依赖于乡村社会自身的秩序生产能力，这种内生的秩序生产能力构成了乡村治理的社会底盘。从激活、习得到行动的服务治理过程，实质上是由助人自助延伸到自助助人，隐含了"受助—自助—施助"的向善伦理，体现了助人利他精神的横向传递，有助于促进乡镇社会基础的巩固和生产。

（四）实践困境：运作过程的内在张力

1. 手段缺失：社会工作社会性的弱化

目前乡镇社工站对于社会性关注程度不足。服务型治理下的社会工作服务需要通过政策倡导促进社会善治，但实务场域下的社会工作者对于社会政策的倡导有限，突破微观介入和宏观实践的界限存在一定的难点。然而社会转型问题的严峻、福利不均衡的担忧，导致越来越多的学者呼吁社会工作正义和政策倡导根源的回归，急需重拾社会工作的社会涵义，同时增强社会工作的倡导和参与社会治理的能力。

2. 服务表层：社会组织活力的约束

乡镇社工站的服务呈现出均质化和表层化，未依据当地村民的动态需求进行服务。以 FT 村和 PS 村为例，社工站由同一家社工机构运营，且两地的长者服务都依托幸福院开展，服务模式相同，但 PS 村的服务只是简单的迁移复制，停留在互助餐厅和普通文娱活动的开展，未对整体的养老人力资源做进一步的挖掘、赋能和提升。诚然，这背后有部分原因是由于农村社会工作者人力不足，但"老瓶子装新酒"不利于农村特殊群体的能力提升和村庄的发展。其问题的根源是由于社会工作服务机构的专业性和行政性互嵌不均衡，社会组织活力未充分激发，因而会面临社会信任不足、独立与规范建设不够、价值观脆弱、内源发展动力不足等困境。

3. 调度僵化：系统灵活性有待提高

受主体多元性的影响，服务主体互动不良和信息不对称可能会加大目标的整合难度，为服务对象需要和福利的满足带来一定的阻碍，系统互动和资源调度的灵活性有待进一步加强。调研过程中一位农村社工分享道："为了帮一位叔公申请一个残疾人的补贴，跑了好几次都跑不下来，有点生气，有些部门就是在踢皮球，我们跑都这么困难，要是服务对象自己去跑不是更困难了？"（2-GTA-ZHM）各服务主体之间的协调不力、对于治理理念的不一致，对项目的运作和群体福利的满足产生了一定的阻碍。怎样更好地去整合多部门业务端口，优化业务协同和流程再造，使资源利用效用最大化？多元主体的互动不应只停留在数量上的"几社"，更应重视"质"上各主体要素之间的有效联动。

六、迈向服务型治理的乡镇社工站实践机制

风险社会与社会问题的常态化带来治理范式的转变，治理结构从垂直和等级结构转向水平网络结构。在此背景下，社会治理是多元行动主体协同发力，利用治理的网络和工具来实现资源互补，促使公共利益最大化，即对善治的追求。善治的价值导向是倡导一种服务性理念，强调以服务为主线，标本兼治。服务型治理是社会工作对创新社会治理体制的重要贡献，同时也是新发展态势下中国特色社会工作建设的重要命题和发展趋势。

乡镇社工站为服务型治理提供了必要的实践载体和操作空间。本研究透过服务型治理研究框架对现实情境下乡镇社工站的行动逻辑展开梳理，发现乡镇社工站通过前移公共服务平台，兼顾弱势和普通的服务对象，以村庄为载体，遵照"助人自助"和"促境美好"的宗旨，坚持多元主体平等合作的原则，针对服务对象的基本和发展性需要，提供有效的社会服务，创造参与机会，激发社区活力，强化政府、社会、社会组织和服务对象之间的沟通，达成协商和共识，将积极结果嵌套在参与过程之中，并促进参与过程的进行，实现人的发展和社会和谐的双重追求。而这正是社会工作服务型治理理念的体现。

乡镇社工站的任务设定是协助民政部门履行基本民生保障，促进基层政权建设和社会治理。但实际上不能简单将其作为民政和基层政权力量的补充，而应该看到社会工作的主体性。乡镇社工站使得多元

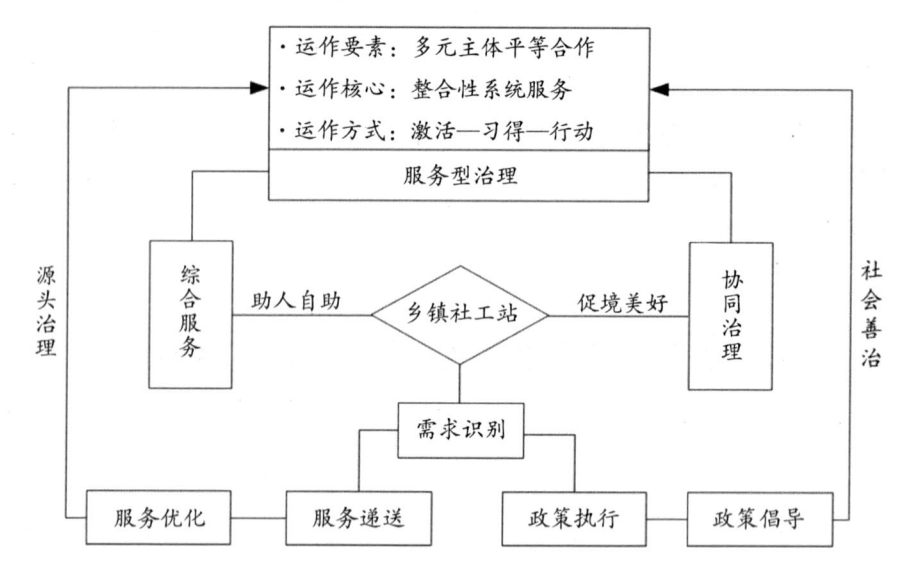

```
                    ┌─────────────────────────────────┐
                    │ • 运作要素：多元主体平等合作      │
                    │ • 运作核心：整合性系统服务        │
                    │ • 运作方式：激活—习得—行动        │
                    ├─────────────────────────────────┤
                    │        服务型治理                │
                    └─────────────────────────────────┘
```

图 2　乡镇社工站服务型治理的生成机制

资料来源：作者自制。

主体焕发活力，共同参与到治理之中，可以说是创新社会治理的一种实践方式，更是实现社会工作进步与社会治理体制机制创新协同发展的一次正向探索。乡镇社工站的建设过程隐含着政府工作人员、社区工作人员、社会工作者和服务对象之间复杂的互动关系，而服务型治理可以有效实现乡镇社工站中服务主体、服务要素以及运作路径的整合。

（一）多元主体不断互动的运作体系

乡镇社工站的治理体系包含政府、市场、公民社会等有机体。从社会系统视角来看，将乡镇社工站的多元主体视为一个整体，各部分产生持续的交互作用，每个系统都具有复杂性、多样性和动态性。而系统各部分之间的这些特性导致了不确定性和不可预测性的出现，为了回应挑战，共同治理的模式越来越凸显。但由于治理理念还没有在行政体系里面渗透，在某些行政者的认知中，不同的行动者处在不同的系统当中，多元主体的参与相当于没有秩序。其实不然，首先我们需要看到系统之间是存在可跨越的边界，系统的边界具有弹性，会和外部的环境产生能量和信息的交换。即不同的行动系统会进行互动交流，促成复杂情境下决策的生成。乡镇社工站的运行某种程度上会协助我们发现隐藏在和谐表象之下的动机、行动、博弈和排斥的可能性，并通过促进各系统之间的互动联通以减少冲突，演化出"正和"或"零和"的结果。其次，乡镇社工站中多元主体的互动是为了回应公众需求和愿景而开展的，内部具有组织、秩序性。有学者提出可以将治理秩序想象为3个同心圆，像洋葱嵌套在一起，相互交织，形成了三阶治理。一级治理（First-order governance）发生在人们和组织互动的地方，目的是解决社会问题和创造机会。二级治理（Second-order governance）侧重于日常公共管理所适用的制度规则、规范角色、程序等，为一级治理提供了框架和工作。元治理（Meta-governance）由行动的治理规则组成。在元治理中，治理者和被治理者都会采取彼此的衡量标准，通过这些标准来判断彼此以及衡量过程。最后，每一个系统具有自我调节的能力，会通过信息和能量的输入输出来维持稳态。因此，需要承认多元主体的独立性和发展性，有解决自身问题的能力和互动积极性，多元之间不断协作，通过正式或非正式互动的网络，优化决策的效果。社会工作的服务型治理在其中扮演着重要的角色，即促进社会秩序的稳定以及激活社会的活力。社会治理主体的多元化是一个渐进的发展过程，而乡镇社工站为此提供了政策探索和调整的空间。

（二）以能力建设为导向的综合服务指向

随着社会问题的频发和社会结构的变迁，社会工作的服务对象不断扩大，由最初的困境人群向困难人群所在的家庭和社区扩展，甚至扩大了"弱有所扶"的范围，将生活中遭遇各种危机、困难的个体及家庭等边缘户也纳入服务范畴，最后逐渐覆盖到农村社区全人群。与此同时，对困难群体的服务从资金帮扶、外部资源的引入等"输血式服务"向自身优势的挖掘、自我帮助和家庭抵御风险能力的提升等"造血式服务"延伸拓展，将其脆弱性转化为介入的弹性空间。在这样的转向之下，乡镇社工站的个案帮扶不仅仅是物质救助，更重要的是将服务对象的个体能力建设及主体意识的激发放置于社工服务实践的重要位置，同时社区共治的服务内容以社区内部力量的培育为重点，旨在提升社区中社区问题与需求的自我解决与满足能力。这种既符合兜底需求又激活农村社会资本的积极行动彰显了社会工作社会保护机制的本质。在这样的运作之下，农村社区的团结强化了"内群体"的意识，能够较好地调动村庄的内部动力进行互助，协调和组织集体的力量去帮助有困难的群体，建设生活共同体，以不断提高农村风险容忍度。特别是在巩固脱贫攻坚成果和乡村振兴实施相衔接阶段，对提升脱贫不稳定户和边缘易致贫户等困难邻里的关照水平具有促进作用。

（三）以内生驱动转变为核心的路径选择

在服务型治理中，服务对象不再被视为被动的问题对象，而是积极的行动者。Müller 和 Pihl-Thingvad 通过系统评价提出了服务对象参与程度和社会工作变革之间关系的 3 种类型，分别是以服务对象为中心的变革、合作性的变革以及公民驱动的变革，3 种类型表现为一个连续体，服务对象的参与程度依次增强。在社会工作实际的服务历程之中，同样也经历了以服务对象为中心到内生驱动的转变。在以服务对象为中心的模式之中，服务对象仅靠提供需求信息参与到服务之中，参与程度较低；合作性的参与将服务对象置于更积极的角色，正如当前的乡镇社工站的行动一般，社区居民参与到信息、决策和公共服务评估之中，是自上而下和自下而上相结合的参与方式。就目前服务来看，多为社会工作者或其他公共服务的代表者发起行动，属于中等参与程度。村民主体性的发挥与服务的可持续性受资金和制度保障不足以及农村文化惯习的制约成为难点。不过，随着公民意识的增强，会逐渐迈向公民自我驱动的变革之中，公民高度和广泛的参与可以产生社会资本，促进公民社会的建立，这也是乡镇社工站不断促进多元主体协同参与的目标所在。只有那些受影响的人开始关心对世界和自己的看法，加持社会工作专业技术，才能像我们希望的那样发挥作用。

结论　乡镇社工站建设的一体两面

社会工作的服务型治理作为对社会治理体制创新的一种回应，成为社会工作促进基层治理现代化的重要路径。服务型治理既为乡镇社工站的建设提供建设性指导意义，也是乡镇社工站发展的目标追求。对于特定情境中乡镇社工站实践逻辑和运作机制的明晰，有助于更好地回应社会工作与社会治理之间的关系，对把握中国特色社会工作的发展态势亦有重要作用。本研究尝试建构一个操作化的社会工作的服务型治理分析框架，并透过该框架审视福建省乡镇社工站的建设，以点窥面，从运作要素、运作核心内容和运作方式3方面解析乡镇社工站专业行动的逻辑。研究发现，乡镇社工站兼顾个别对象和集体对象，以群体福祉和社区发展建设为介入焦点和最终旨归，开展系统综合性服务，寓治理于服务过程中，其中社会工作专业服务是最为关键的环节，服务过程蕴藏着实现治理的密匙。服务和治理是乡镇社工站运作的一体两面，更是社会工作中国行动的实践智慧。如前所述，目前服务型治理在乡镇社工站的实践之中还存在一定的问题和困境。未来，乡镇社工站可以从政策保障、制度环境、组织活力、督导和评估体系的优化等方面促进人才队伍的专业化发展以及本土经验的规范化运用，推动服务的科学、纵深化发展和政策品性的回归，以此回应社会工作本真的承诺和初心，推动中国特色社会工作的发展。

职业教育助力乡村振兴

——以宁德职业技术学院为例

陈 群[*]

乡村振兴战略是党中央为解决新时代社会主要矛盾、实现"两个一百年"奋斗目标提出的重大战略，也是实现中华民族伟大复兴中国梦的必然要求。面对全球新冠肺炎疫情仍在蔓延、经济复苏放缓、极端天气频发、地缘政治局势紧张、我国经济社会发展各项任务极为繁重艰巨的严峻形势，中央一号文件《关于做好2022年全面推进乡村振兴重点工作的意见》要求，必须着眼国家重大战略需要，稳住农业基本盘，做好"三农"工作，接续全面推进乡村振兴。乡村要振兴，基础是产业，关键是人才，但根据第三次全国农业普查数据，全国农业生产经营人员接受过高中或中专教育的只有7.1%，大专及以上教育更是只有1.2%，农村劳动力人口受教育水平整体偏低，已成为乡村振兴的巨大阻力，亟须培养一大批能够扎根农村、懂现代农业的多能型、专业性、实用型人才，职业教育是培养此类人才的主要途径。正如习近平同志在《摆脱贫困》中指出的："职业技术教育要结合农民脱贫致富的需要，职业教育是培养熟练劳动者的摇篮，与经济发展息息相关社会需求也比较突出，应该因势利导地把职业教育搞好。"2019年，国务院发布的《国家职业教育改革实施方案》明确提出职业教育要服务乡村振兴战略。2022年，中共中央、国务院在《关于做好2022年全面推进乡村振兴重点工作的意见》中再次要求办好涉农职业

---

[*] 陈群：宁德职业技术学院党委副书记、院长，福建工程学院特聘教授，硕士生导师。

教育，加强乡村振兴人才队伍建设。职业教育在担当与服务乡村振兴方面被赋予重任，在这一新机遇和新挑战下，高职院校必须积极对接乡村，推进创新转型，培养、培训面向社会主义新农村的高技能人才、新型职业农民，更好地服务乡村振兴战略。

一、职业教育助力乡村振兴的内在逻辑

在国家教育事业中，职业教育是同经济社会发展联系最紧密的教育类型，可以直接或间接地融入产业振兴、人才振兴、文化振兴、生态振兴、组织振兴，助力乡村全面振兴，职业教育有责任也有能力肩负起推动乡村振兴的使命。

（一）推动乡村产业振兴的重要引擎

产业振兴是乡村振兴的物质基础，而目前广大农村地区的产业发展并不成熟，存在发展质量效益不高、产业要素活力不足、产业链条仍然较短、产业基础设施仍然薄弱等问题，急需优化产业结构，深度挖掘农业多种功能，延长产业链，完善利益链，培育和发展农村电商、共享农庄、休闲农业、民宿经济、健康养老等新产业新业态，这对新型农村劳动力的数量、规格、质量、结构也提出了新要求。职业教育培养专业化的技术人才，为提升农业装备和农业科技贡献力量，帮助优化农村第一、二、三产业的人力资源配置，促进农村三产动态的高质量融合发展，是释放乡村经济活力、推动产业兴旺的重要条件。此外，职业教育可以发挥联动作用，将农村产业与城市企业和市场相融合，实现产业资本收益的提升。

（二）实现乡村人才振兴的动力源泉

技术技能人才培养是职业教育的核心功能，也是职业教育助力乡村人才振兴的重点。在长期的城乡二元体制下，乡村人才外流，严重制约了我国乡村的发展。而面向区域发展、乡村振兴的职业教育，通过多要素投入、产教融合和教育辐射，消除人力资源空心化，有利于农村各类人才的成长。一方面，职业教育为广大农村地区培养了多样化人才，造就了一批高素质农民，在很大程度上优化了乡村的人力资源结构。另一方面，近几年的高职百万扩招等政策为农村孩子敞开了教育大门，职业院校中半数以上的学生来自农村，职业教育通过技术赋能，让这些农村学子掌握了扎实且实用的技能，有效地阻断了贫困代际传递，成为见效快且明显的乡村人才振兴的方式。

（三）实现乡村文化振兴的内在要求

文化振兴是乡村振兴的灵魂所在和精神支柱，脱离乡土特色文化内涵的文化振兴是难以成功的。实施乡村振兴战略要物质文明和精神文明一起抓，既应重视物质精神的"输血式"供给，更应重视精神能力的"造血式"供给。农村职业教育能够有效深入乡村建设的末端环节，满足农民的精神文化需求，提升农民的生产生活技能、法律知识和个人修养，培育文明意识和能力，营造环境文明、行为文明、精神文明和制度文明一体化的乡村社会文化体系，促进乡风家风民风文明，摒弃封建迷信和婚丧陋习等，为乡村振兴提供思想保证和精神动力。此外，通过挖掘整理乡村特色文化、农耕文化并加以传承创新，探索乡村文化的产业化模式，助力乡村打造特色品牌。

（四）助力乡村生态宜居的重要途径

生态振兴是实现乡村的绿色发展、人与自然和谐共生的重要支撑。生态宜居是生态振兴的核心内涵，职业教育在其中扮演重要角色。一方面，职业教育为乡村生态环境改善提供了技术支撑，如培养绿色农技推广人才、传授畜禽粪污处理技术、推广手工制造科学种植技能等；另一方面，帮助营造乡土文化、绿色生产生活行为氛围和绿色意识。通过职业教育帮助人们树立和践行"绿水青山就是金山银山"的生产生活理念，养成垃圾分类、清洁取暖的生活习惯，塑造建设文明厕所、节水节能乡村建筑等绿色生活行为，助力实现人与自然和谐发展、清爽安定的乡村生产生活环境。

（五）完善乡村组织振兴的关键变量

加强农村基层基础工作，健全自治、法治、德治相结合的乡村治理体系是实现乡村振兴的重要基石，最终实现乡村善治，而影响乡村治理能力的关键因素是乡村组织水平的高低。如果乡村组织的领导力、组织力不强，就难以带动乡村实现真正的产业振兴、人才振兴、文化振兴和生态振兴。而懂经营善治理的能人担负乡村组织的领导人物是组织振兴的关键。在推动乡村组织振兴、提升乡村组织治理能力方面，职业教育一方面可以通过育人功能，助力乡村组织实现组织人才的文化素养提升；另一方面可以充分发挥自身的资源优势和要素优势，将师资、技术等下沉到乡村，促进乡村组织以及与之相连的人、地、业的协同发展。

二、职业教育助力闽东乡村振兴的探索与实践

宁德职业技术学院作为闽东唯一一所涉农高职院校,坚持"立足宁德、服务宁德、奉献宁德"的办学定位,充分考虑区域经济社会发展需要,为农村农业发展、农村基层协同发展培养服务人才,围绕打造具有闽东特色的乡村振兴之路,积极助推闽东乡村振兴战略实施、服务闽东乡村建设发展。

(一)平台集聚赋能乡村产业发展

宁德职业技术学院集聚闽东乡村振兴研究院、宁德市职业院校联盟、宁德市院校办学联盟等资源平台,从科技、教育、文化、创业等方面为乡村产业振兴提供服务。2019年宁德市委依托学校成立闽东乡村振兴研究院,组建100多人的高层次人才团队,专门开展专业对口服务、解决技术难题、联合培养人才等;与全市各职业院校深度交流与合作,推动中高职衔接、校企联合办学以及对接乡村振兴和四大主导产业人才培养等模式的改革与创新。

(二)科研成果加持乡村科技发展

2018年至今,宁德职业技术学院立项乡村振兴有关课题30项,申请茶叶萎凋室、畲族银雕艺术用无屑雕刀等与农业生产技术、乡村文化传承相关专利30项。学校相关科研团队积极深入乡镇企业调研,与企业达成合作意向,校企共同开展横向课题研究,研发新型红茶发酵设备,改造茶叶揉捻机自动化控制系统等,极大地提高了产品质量和稳定性。用新设备生产的红茶成品可达三星名茶品质标准,并获得

了第六届亚太茶茗大奖赛银奖。

（三）人才培养反哺乡村人才振兴

宁德职业技术学院坚持"职业教育与职业培训"两翼发展，助力学员"学历+技能"双提升。开展新型职业农民大专学历教育提升工程和各类涉农培训，为宁德乃至周边市区培养了一大批具有大专文凭的茶叶、园林、农产品营销等致富能手。二级学院组建师生技术服务团队、电商培训师资团队，发展"宁职电商"特色扶贫模式。依托省级潘玉华技能大师工作室、市级吴先辉技能大师工作室等，开展各类职业赛事培训指导、研学活动。

（四）提高农村双创人才培养质量

宁德职业技术学院是福建省内为数不多的集福建省高校毕业生创业培训基地、福建省高校毕业生创业孵化基地、全国大学生KAB创业教育基地、福建省众创空间、宁德市大学生创业园等5个重要创新创业平台于一体的高职院校，学校将思政融入双创课程，引导学生了解党情、国情、村情、民情，鼓励学生返乡创业，并提供精准指导与服务。积极指导学生参加双创比赛，邀请返乡创业优秀学子入校作经验分享，推动乡村振兴服务反哺双创人才培养。

（五）精准扶贫书写闽东职教样本

宁德职业技术学院形成"科技特派员+科技服务团队+社会实践师生服务团队"教育精准扶贫模式，将先进技术、理念、经验落到农业农村一线。科技特派员深耕田间地头。"机械制造技术应用""移动开发与电商平台综合技术应用""幼儿教育与家庭教育指导""现代农业科技技术应用"和"创新创业技术应用"等 5 个科技服务团队集中技术力量服务闽东精准扶贫和乡村振兴。社会实践师生服务团队发挥专业特长，开展乡土研学、新媒体文创旅游宣传等活动。

三、职业教育助力闽东乡村振兴的成效

（一）乡村产业人才培养成果丰硕

2018 年以来，宁德职业技术学院承接宁德市的新型职业农民培育、贫困村创业致富带头人、基层农技推广人员、少数民族培训班等培训工作，总计培训上万人次。2021 年学院获批"福建省职业技能等级认定试点院校"。学院新增校外函授站 5 个，开设函授招生专业 23 个，累计招生 3608 人，指导各类涉农赛事成绩喜人，获国奖 11 项，省奖 13 项。

（二）农业产业和民族产业得以发展

宁德职业技术学院从传统优势茶产业和新兴培育畲族乌饭树产业两个方面促进产业转型升级和高质量发展，大面积带动了群众脱贫致富。学院建立畲药乌饭树种植示范基地，完成了产品研发并指导企业试生产，项目荣获 2021 年中国民族医药协会科技进步二等奖，还与福建省中医药科学院签订产学研战略合作协议，努力突破宁德市畲药产业发展瓶颈。

（三）乡村人居环境和旅游条件改善

宁德职业技术学院从传统建筑保护利用、防灾安全保障、历史环境要素修复、生态智慧农园设计、旅游规划设计、环境卫生改善等多个方面为福安市南岩村、毛家坪村、占西坑村、廉岭畲族村，寿宁县承天村、福鼎市赤溪畲族村、屏南县龙潭里村等特色村庄出谋划策，使这些乡村的人居环境和旅游条件得到有效改善和提升。

（四）创业就业呈现良好发展态势

宁德职业技术学院积极培育乡村产业带头人和创新创业人才，协助引导和鼓励青年学生毕业后回到家乡成为乡村管理、营销、创业、创意策划等人才。迄今学院引导青年人才返乡超过100人次，思政主题下乡活动开展20多次、助农等服务超过1万人次，50个创业项目与闽东"8+1"产业实现精准对接。

（五）扶贫效力和社会影响力加强

宁德职业技术学院先后获批全国新型职业农民培育示范基地（福建省仅3个）、福建省新型职业农民培育基地，《推进教育精准扶贫，助力闽东乡村振兴》入选省属高校精准扶贫精准脱贫典型项目（福建省仅3个）。中国教育新闻网、福建电视台、《闽东日报》等主流媒体相继报道宁德职业教育精准扶贫、助力乡村振兴工作，引发热烈反响。学院成功承办各类座谈会、学术论坛和研讨会，影响力不断扩大。

四、职业教育助力闽东乡村振兴存在问题

宁德职业技术学院以多种形式服务闽东乡村,取得了一定成效,但在专业设置、涉农培训力度、服务乡村意识等方面都存在不同程度的不足,也制约着职业教育服务乡村振兴的能力与效力。具体问题表现为以下几点:

(一)专业建设与人才培养目标亟待调整

在宁德四大主导产业迅猛发展的势头下,宁德职业教育主要以服务区域经济发展、培养当地就业人才为目标,开设或调整的专业也主要以工科为主。学校涉农专业开设得少,专业建设和人才培养目标与乡村振兴人才需求也存在一定程度的脱节,生态农业、农村电商、乡村旅游、传统文化保护、农产品营销等专业人才供给明显不足。

(二)农村基础建设人才培训力度有待加强

目前闽东乡村仍大量缺乏乡村管理人才、专业技术人才、农村创新创业人才与民族文化传承等人才。随着乡村振兴战略实施的不断深入与推进,乡土人才将会成为乡村振兴的主力军。培养一批具有先进理念、宽广视野、过硬本领的乡村振兴带头人是职业院校的重要任务,但当前职业院校开展的涉农培训以短期培训为主,从培训力度、效果与覆盖面来看,还不足以满足乡村振兴的人才需求。

（三）师生投身乡村振兴的意识不强

乡村振兴战略是习近平总书记在党的十九大报告中提出的，2018年开始全面铺开落实，实施至今已有几年时间。但具体落实到职业教育层面，还存在政策解读、任务分解、责任落实等方面的滞后性，导致一些职业院校没有将乡村振兴纳入学校的顶层规划，部分师生对职业教育在乡村振兴、教育扶贫中的重要性认识不足，为社会主义新农村建设的服务意识不强。

五、职业教育推动闽东乡村振兴战略的对策建议

（一）调整专业结构，对接农村经济发展需要

统筹职业教育与区域发展布局，充分发挥农业支柱产业及特色产业的优势，设置符合农村经济和区域经济发展需求的专业课程，停招或缓招不适应社会需求的专业。加强"新农科"专业建设，推进农业与信息技术、生物工程技术、制造技术、新材料技术、新能源技术及社会科学等高新技术型与传统农业专业交叉融合，并完善生态农业、农村电商、乡村旅游、传统文化保护、农产品营销等促进农村经济发展和农产品销售的基础性专业，共同推动农村产业兴旺。

（二）加强培训工作，培育乡村振兴带头人

以培养有文化、懂技术、会经营、善管理的高素质农民为目标，通过高校乡村党建联动，培育乡村管理人才，提升村党组织活力，助

力推进乡村治理现代化。开展新型职业农民大专学历教育和种植、养殖、加工、经营、管理等能力提升培训班，培育专业技术人才。加强农村学生双创能力培养，为村民提供创业培训及导师对接服务，将乡镇企业技术骨干培养成为行业领域带头人。深入挖掘农村乡土文化能人、民族文化传承人以及引进文创人才，引导他们将正能量、传统美德、民族特色融入艺术创作中，潜移默化打造文明乡风、提升农民文化自信，结合文化旅游，共同推动乡村文化振兴。

（三）多方筹措资金，为职业教育铸造坚强后盾

地方政府应加大对职业教育的资金投入，全面落实职业院校生均拨款制度，并逐年提高标准和水平，扶持职业院校申报建设项目，争取国家和省有关专项资金支持。鼓励社会资本进入职业教育各个领域，在税收、土地、审批等方面出台落实支持政策。职业院校要积极谋划落实国家和省级各类职业教育发展项目，拓宽职业教育筹资融资渠道，通过政府债券、银行贷款等渠道筹措经费。多方筹措资金，确保闽东乡村振兴战略独立、连续、稳定地实施与推进。

（四）科技服务下乡，助力闽东乡村产业发展

立足农村实际，职业院校要协助探索农村特色产业发展模式，培育乡村发展新业态，增强乡村原动力。发挥"双师型"教师团队优势，用好科技特派员制度，帮助乡镇企业和村民解决技术难题，开展项目研究，促进科技成果转化。利用涉农专业优势，结合大数据、"互联网＋"等新技术，帮助村民打通农产品销售渠道、推广农村文化旅游。继续落实干部驻村挂职制度，将先进的管理经验、流程制度、资源优势带进乡村。多措并举，为乡村振兴提供智力支持和人才支撑。

（五）增强师生服务意识，优化人才培养模式

职业院校要充分认识闽东乡村振兴战略的重要性和意义，组织师生深入学习党和国家对闽东乡村振兴的战略规划，提高站位认识，将闽东乡村振兴纳入学校的顶层规划。将"一懂两爱"的培养目标纳入涉农专业人才培养方案，在教学中增加新农村建设实例和数据分析，融入乡村情怀，提高学生创新创业能力和职业道德素质，引导学生树立正确的就业观，鼓励学生毕业后回乡发展。支持学校教师到乡村或乡镇企业挂职，提升实践能力。通过校园文化建设、加强舆论引导、榜样力量宣传等方式，营造职业教育助力闽东乡村振兴战略实施的良好氛围。

论点摘编

深刻理解脱贫攻坚和全面建成小康社会与实施乡村振兴和实现共同富裕的关系

——学习《摆脱贫困》的体会

张 琦[*]

摘要： 时隔30年，《摆脱贫困》一书中的相关论述仍然具有很高的理论价值和长远的指导意义。首先，从《摆脱贫困》中可追溯到习近平总书记部署实施脱贫攻坚的思想精髓渊源。要坚持中国共产党的领导，牢记党的初心使命，将全面实现脱贫攻坚和全面建成小康社会目标作为党的重要使命和任务，必须在2020年如期完成。其次，从《摆脱贫困》中领会乡村振兴与共同富裕的科学内涵。实施乡村振兴、扎实推动共同富裕是实现中华民族伟大复兴第二个百年奋斗目标的重要内容。2020年我国脱贫攻坚战取得全面胜利，小康社会全面建成后，接续推进全面乡村振兴并逐步实现全体人民共同富裕被摆在更加重要的位置，成为更加迫切的历史任务。再次，从《摆脱贫困》中把握共同富裕目标下乡村振兴战略要点的设计原则。共同富裕目标下乡村振兴战略要点设计必须结合习近平总书记关于共同富裕和乡村振兴的重要论述，遵循共同富裕目标下乡村振兴的6个方面内涵，在战略思想上体现时代发展特色，体现未来发展方向。

---

[*] 张琦：北京师范大学中国扶贫研究院院长。

从摆脱贫困到共同富裕

吕德文[*]

摘要：在中国共产党的领导下，从摆脱贫困到共同富裕内在于社会主义实践，在不同的历史阶段为共同富裕奠定了坚实的制度基础。当前，共同富裕进入了以收入分配为核心的制度实践中。构建初次分配、二次分配和三次分配的协调配套的基础性制度安排。本质上，共同富裕的分配制度安排，是对过去多年积累下来的制度成果的转化和运用。初次分配是以效率为中心的分配制度，体现为不同的生产要素在生产收益中的比例。在社会主义公有制下，国有经济在国民经济中占据主导地位，保障了社会财富的大部分归属于全体人民。而农村集体所有制，使得农民不仅可以通过劳动力参与初次分配，还可以通过生产资料的经营和使用而获得利益。共同富裕需要共同奋斗，这是根本路径。当前，我国虽然已经全面建成了小康社会，但我们仍然处于社会主义初级阶段，是一个发展中国家。对于大多数欠发达地区而言，经济发展仍然是首要任务。社会主义中国建立了区域协调发展的机制，但是，归根到底，欠发达地区的发展，需要其充分发挥主观能动性，依靠自己的努力，利用比较优势发展起来。

---

[*] 吕德文：武汉大学社会学院教授。

坚持"两个精准"基本方略的江苏实践与后续思考

吴国清　朱　奎[*]

摘要： 自2013年11月，习近平总书记首次提出"实事求是、因地制宜、分类指导、精准扶贫"的工作思路以来，我国的扶贫开发进入精准扶贫、精准脱贫的关键阶段。近年来，江苏扶贫开发坚持"两个精准"基本方略，走出了一条具有中国特色江苏特点的扶贫开发之路，具体包括建立健全工作统筹推进机制，推动建立"省负总责、市县抓落实"的脱贫攻坚责任制，加强扶贫对象建档立卡和动态管理，推动形成大扶贫工作格局，强化扶贫政策支持和规则保障，加强扶贫工作成效考核，持续营造"两个光荣"舆论氛围，积极深化扶贫改革创新探索，不断强化扶贫领域监督管理等方面内容。

江苏扶贫开发实践探索始终走在全国前列，精准扶贫的江苏实践是顺应群众期待、惠民效应不断彰显的历程。江苏后精准扶贫阶段，要深化对贫困的认识，把"持续巩固提升脱贫攻坚成果，全面建成更高质量的小康社会"作为一种常态。

---

[*] 吴国清：南京农业大学马克思主义学院教授。朱奎：江苏省委办公厅农业处副处长。

中国共产党领导农民摆脱贫困的经验及启示

董长瑞[*]

摘要：中国共产党领导中国农民的脱贫大业是伟大斗争、伟大工程、伟大事业、伟大梦想的伟大实践。摆脱贫困事业，解决了人民的温饱问题，实现了全面小康，也为世界反贫困提供了有益参考。党的领导、以人民为中心、制度优势、精准扶贫、群众参与等，无不闪烁着中华民族的智慧灵光。精准扶贫包括"精准识别，精准帮扶，精准管理"三个环节。精准识别就是通过有效、合规的程序，把贫困居民识别出来。精准扶贫就是要在扶贫的路上，不能落下一个贫困家庭，丢下一个贫困群众，实现全体人民的共同富裕。精准扶贫是中国特色社会主义摆脱贫困的伟大实践，也为世界反贫工作探索了道路，提供了经验。认真总结中国共产党领导农民摆脱贫困的经验，对于完成第二个百年奋斗目标，推进乡村振兴战略，实现共同富裕，具有十分重要的意义。在新的历史征程，只要加强党的领导，大力发展生产力，坚持以人民为中心，全心全意依靠人民群众，中华民族伟大复兴的中国梦就一定能够实现。

---

[*] 董长瑞：山东财经大学乡村振兴研究院院长、教授，山东省习近平新时代中国特色社会主义思想研究中心特约研究员。

《摆脱贫困》学习心得及其对乡村振兴的启示

张蚌蚌[*]

摘要：通过认真、系统地研读习近平总书记的著作《摆脱贫困》，我对其中鲜活的马克思主义中国化理论创新成果、实事求是的"三农"创新理论思想、教育科技民族思想等有了深入的体会。《摆脱贫困》蕴含着丰富的实事求是的"三农"创新理论思想。《走一条发展大农业的路子》中提出的"关于粮食生产问题：精心布局，抓好粮食工程建设""关于科技兴农问题：科技先导，配套服务""关于为大农业服务的问题：树立服务观念，强化服务措施"[①]等相关创新理论思想，是实事求是的"三农"创新理论思想，对当前我国"三农"发展与实践仍然具有重要的指导和借鉴价值。实事求是开展"三农"理论创新，助推乡村振兴。《摆脱贫困》中提出的"大粮食观""多层次、深层次的农业综合开发""坚持前提下完善，稳定基础上的调整"等，是实事求是的"三农"创新理论思想，对当前乡村振兴战略仍具有重要的理论指导意义。

---

[*] 张蚌蚌：西北农林科技大学副教授，博士生导师。
[①] 习近平：《摆脱贫困》，福建人民出版社1992年版，第179、186、189页。

《摆脱贫困》的马克思主义哲学意义

陈承茂[*]

摘要：《摆脱贫困》是习近平同志在闽东实践的力作。其中习近平同志关于理论与实践的思考蕴含着深刻厚重的马克思主义哲学意涵，体现了将马克思主义基本原理与中国的具体实践相结合的理论自觉，是对马克思主义哲学中国化的有益探索。一是实事求是，坚持马克思主义的实践观。《摆脱贫困》中一个很突出的观点，就是行动至上的观点，即实践观。这是对马克思主义哲学实践观的具体运用和践行。二是淡化贫困意识，倡导顺应规律并发挥主观能动性。三是滴水穿石，讲求量变与质变的辩证法。四是经济大合唱，正确处理矛盾主次的关系。"经济大合唱"蕴藏的是习近平同志的"和合"哲学思维。五是统筹兼顾，把握对立统一关系的"度"。在《摆脱贫困》中，习近平同志关于如何把握"度"的哲学思维，道有所循。六是密切联系群众，倡导唯物史观的干部基本功。习近平同志站在历史唯物主义高度，为共产党人解决"如何密切联系群众"这个问题提供了方法。

---

[*] 陈承茂：福州海峡两岸和平统一促进会会长。

摆脱贫困、乡村振兴与共同富裕：
逻辑关系与推进路径

黄寿峰[*]

摘要：在全面建设社会主义现代化国家、向第二个百年奋斗目标进军新征程的重要时刻，如何深刻阐释从摆脱贫困到乡村振兴，进而实现共同富裕蕴含的历史唯物主义和辩证唯物主义精神，提出共同富裕的推进路径便成为现阶段必须思考和研究的重大课题。当前，促进共同富裕，最艰巨最繁重的任务仍然在农村。因此，我们应该从共同富裕的内涵出发，倡导习近平总书记在《摆脱贫困》书中所述的"滴水穿石"精神、"弱鸟先飞"意识，不断推进乡村振兴，扎实推动农民农村的共同富裕。一是促进城乡融合，推动城乡基本公共服务均等化；二是不断壮大农村产业，促进农民增收，实现农民农村共同富裕的物质文明；三是不断改善农村生态环境，实现农民农村共同富裕的生态文明；四是不断推进农村乡风文明建设，实现农民农村共同富裕的精神文明；五是不断提升农村治理效能，实现农民农村的政治和社会文明。

---

[*] 黄寿峰：厦门大学经济学院、宏观经济研究中心教授、博士生导师，厦门大学社会科学研究处副处长。

"实践高于认识的地方正在于它是行动"

——浅析《摆脱贫困》中的马克思主义认识论思想

张文彪[*]

摘要:《摆脱贫困》是习近平同志重要的理论著作,也是习近平同志关于实践探索和思想创新的方法论之作。书中,习近平同志提出了"崇尚行动"这一重要思想,这是习近平同志在深刻而精准把握马克思主义经典作家关于认识论思想重要论述基础上,对认识和实践辩证统一的生动鲜活概括,是马克思主义认识论在领导决策工作中的创造性运用。一是坚持认识和实践辩证统一的理论思维。二是坚持实事求是与群众路线紧密结合的实践智慧。三是坚持从"走自己的道路"到"弱鸟先飞""滴水穿石"的经验探索。四是坚持问题导向和实现价值相统一的行动伟力。《摆脱贫困》中所宣示的崇尚行动思想,就是要告诉人们在改造世界的实践活动中,必须要通过万众一心的努力,才能创造出一个凝聚我们理想的未来。坚持实干是全面贯彻落实习近平新时代中国特色社会主义思想、实现中华民族伟大复兴中国梦的根本途径。实践、实干、行动既是一种思想,更是一种政治立场。

---

[*] 张文彪:福建社会科学院当代马克思主义研究所所长,研究员。

从《摆脱贫困》看习近平新时代中国特色社会主义思想的萌发

许维勤 谭 敏[*]

摘要：《摆脱贫困》是习近平同志主政一方谋划经济社会发展所留下的第一部理论与实践思考的重要文献。书中所表达的许多思想理念，在习近平同志后来的政治实践中一以贯之，不断完善成熟，最终融入习近平新时代中国特色社会主义思想体系。习近平新时代中国特色社会主义思想的许多思想精华，都可以从《摆脱贫困》一书找到理论雏形。习近平新时代中国特色社会主义思想成形于党的十八大以后，但追溯其萌芽形态，离不开习近平本人早期的政治实践和理论思考。从这个意义来看，《摆脱贫困》不仅仅是一部地方治理的经验性专著，也是习近平同志对马克思主义立场、观点与方法中国化的一以贯之的探索的一部分，与习近平新时代中国特色社会主义思想，有着来因去果的逻辑关系。《摆脱贫困》的思想精华，沿着理论逻辑、实践逻辑和历史逻辑不断演进，最终能成长为习近平新时代中国特色社会主义的思想体系，有着深刻的历史必然性。

---

[*] 许维勤：福建社会科学院社会学研究所原所长，研究员。谭敏：福建社会科学院社会学研究所副所长，副研究员。

从摆脱贫困到共同富裕：
《摆脱贫困》的辩证思维及其当代价值

薛秀军　耿国宾[*]

摘要：《摆脱贫困》充分彰显了习近平同志主政地方时所具有的超前战略眼光、卓越政治智慧和深厚理论素养，是中国共产党人运用马克思主义辩证思维解决实际问题的典范，对今天我们在全国范围内，在摆脱贫困的基础上通过乡村振兴等具体举措，缩小城乡、区域等的发展差距，实现共同富裕，具有重要的意义和价值。一是善谋全局，实现摆脱贫困到共同富裕的整体衔接。二是抓住重点，强化摆脱贫困到共同富裕的有效衔接。三是实事求是，把握摆脱贫困到共同富裕的动态衔接。实现共同富裕是社会主义的根本指向，摆脱贫困则是实现共同富裕的必然要求。在摆脱贫困中既促进经济增长，又努力缩小城乡、区域、收入差别，实现经济社会动态的、协调的发展，实现共同富裕，习近平同志在宁德工作的实践和其理论思考特别是其所内蕴的对马克思主义辩证思维立足实践的一系列创造性分析，为我们提供了借鉴。

---

[*] 薛秀军：华侨大学哲学与社会发展学院教授，博士生导师。耿国宾：华侨大学哲学与社会发展学院博士研究生。

精准扶贫与乡村振兴战略：
内在关联和有效衔接

张赛群[*]

摘要：当前，我国农村精准扶贫进入决胜阶段，乡村振兴处于战略起步阶段，值此两大战略的特殊交汇时刻，分析两大战略的内在关联，思考其衔接的有效路径，对于实践中更好地促进两大战略的平稳过渡具有重要的意义。精准扶贫与乡村振兴均是国家为解决乡村发展问题、促进共同富裕而做出的重大战略安排。二者有着密切的关联性，实践中也相互促进，相互影响。当前，为实现精准扶贫与乡村振兴战略的有效衔接和平稳过渡，需要正视二大战略的差异，着重做好观念、规划、政策和体制机制等方面的有效衔接，实现扶贫战略从局部到整体、从短期到长远、从特惠到普惠的转变。当前，在二者交汇的特殊时刻，为确保精准扶贫与乡村振兴的有效对接，我们需要在正视二者差异的前提下，尊重现实，立足长远，从观念、规划、政策、机制体制等方面着手，积极推进两大战略的有序衔接和平稳过渡。

---

[*] 张赛群：博士，华侨大学政治与公共管理学院教授。

精神生活共同富裕的重要意蕴和推进路径

张 一[*]

摘要：精神生活共同富裕是马克思主义的内在价值诉求，是古今中外对美好生活的理想追求，是构建社会主义文化强国的题中之义，是创造文明新形态的必然要求。就其核心内涵而言，精神生活共同富裕追求的是所有人拥有富足的精神文化资源，公平地消费精神文化产品，自由地享受精神文化生活。社会文明程度提高、民族凝聚力提升、文化自信坚定、文化获得感增强构成精神生活共同富裕的基本表征。为消除现代化进程中精神生活贫乏、空虚问题，应以核心价值观引领人民精神生活，以中国传统文化涵养当代精神生活，以文明交流互鉴丰富中华民族精神生活，以现代数字技术提供高质量精神生活服务。

---

[*] 张一：福建师范大学马克思主义学院副教授。

《摆脱贫困》内蕴的治理思想谱系及其价值启示

陈建平　俞敏捷　黄种兴[*]

摘要：脱贫致富历来是民心所向，更是千年夙愿。中国共产党成立伊始就团结带领全国人民为创造美好生活而不懈奋斗。我们不仅打赢了决胜脱贫攻坚战，全面建成小康社会，实现了我们党向人民、向历史作出的庄严承诺，还向第二个百年奋斗目标前进。十八大以来我国贫困治理取得了历史性成就，脱贫攻坚见证了新时代"中国奇迹"。回望新时代脱贫攻坚之路，大扶贫格局是关键，精准是要义，许多重要治理经验的重要精神源头都可以追溯到《摆脱贫困》一书，其内蕴的主要治理思想谱系可概括为"七论"即"党群融合论""真贫发现论""滴水穿石论""弱鸟先飞论""精神脱贫论""四下基层论""经验积淀论"。在当前脱贫攻坚转向乡村振兴，并朝向共同富裕迈进的过程中，《摆脱贫困》仍是至为宝贵的智识资源和实践指南。

---

[*] 陈建平：福建农林大学公共管理学院副教授，福建省高校人文社科基地农村廉洁建设研究中心常务副主任。俞敏捷：福建农林大学公共管理学院硕士研究生。黄种兴：东北大学文法学院硕士研究生。

理论逻辑、历史逻辑、实践逻辑

——从摆脱贫困到乡村振兴、实现共同富裕的逻辑展开与统一

夏侯建兵　李小兵　林伟荦[*]

摘要： 从摆脱贫困到乡村振兴、实现共同富裕，是中国人民近代以来孜孜以求的梦想，是实现中华民族伟大复兴中国梦的重要内容，是中国共产党的初心使命，也是社会主义的本质要求。从摆脱贫困到乡村振兴、实现共同富裕，彰显了百年来中国共产党反贫困的伟大成就，开启了全面建成社会主义现代化强国的第二个百年奋斗目标新征程的伟大实践。从摆脱贫困到乡村振兴、实现共同富裕，蕴含了理论逻辑、历史逻辑和实践逻辑的辩证统一。从理论逻辑上看，从摆脱贫困到乡村振兴、实现共同富裕，开创了马克思主义反贫困理论中国化的新境界；从历史逻辑上看，从摆脱贫困到乡村振兴、实现共同富裕，彰显了中国共产党反贫困的伟大创举；从实践逻辑上看，从摆脱贫困到乡村振兴、实现共同富裕，昭示了两个一百年奋斗目标的实践要求。

---

[*] 夏侯建兵：泉州师范学院副校长，博士，教授，博士生导师。李小兵：泉州师范学院交通与航海学院学工办主任，团委书记，讲师。林伟荦：泉州师范学院外国语学院党委副书记、纪委书记，副研究员。

《摆脱贫困》的理论价值与思想贡献

黄 雄[*]

摘要：《摆脱贫困》是习近平同志在中国特色社会主义建设实践过程中，第一次以专著的形式对一个区域的经济社会发展的重大理论和实践问题作的问答，第一次系统总结了个人在地方的实践探索成果，也是第一次展示自己对中国特色社会主义建设的理想和愿景。《摆脱贫困》作为习近平同志最早公开出版的专著，是习近平新时代中国特色社会主义思想萌发的重大成果，其理论内涵在于从地方工作这个层面，全面系统地阐述了在建设有中国特色社会主义事业中，关于地方治理的宗旨目的、内容要求、工作方法和党的自身建设。全书贯穿着马克思主义的世界观和方法论，为学懂弄通悟透习近平新时代中国特色社会主义思想提供了一把"金钥匙"，也为广大地方和基层干部在推动地方治理体系和治理能力现代化上提供了一部重要的教科书。

---

[*] 黄雄：中共宁德市委党校（宁德市行政学院）副校院长。

《摆脱贫困》主要思想内涵及当代价值

邱树添[*]

摘要：习近平著作《摆脱贫困》，涉及经济建设、政治建设、文化建设、社会建设、生态文明建设和党的建设等重要内容，将一系列极富创造性的战略思想、极富前瞻性的理论思考和极富针对性的实践观点娓娓道来，与党的十八后习近平总书记治国理政一系列重要新理念新思想新战略一脉相承，具有很高的理论价值和长远的指导意义。其主要思想内涵、观点方法对做好新时代推进乡村振兴、实现共同富裕，全面建设社会主义现代化国家具有重要的指导意义，是全面理解和把握习近平治国理政思想的客观需要，是弘扬光荣传统，凝聚精神力量的有效途径，是推进乡村振兴、实现共同富裕的必然选择。实践证明，习近平当年"摆脱贫困"思路符合宁德区情，贴近民心民意，并且务实有效，具有很强的针对性和指导性，也是当下包括推进乡村振兴、实现共同富裕等事业的重要法宝和思想武器。

---

[*] 邱树添：宁德市社科联主席，宁德师范学院兼职教授，首批福建省文化名家。

习近平厦门扶贫工作：作风、思路和举措

汤兆云[*]

摘要：习近平在厦门工作期间，关心群众疾苦，广泛开展基层调研，为群众脱贫把脉献计。在厦门3年，习近平心系民众疾苦，敢于担当，勤于调研，频繁下基层察实情，谋实招，求实效，其"因地制宜""综合发展""自力自强"等扶贫发展思路，以及产业开发、就业扶贫、生态扶贫等务实举措已经被实践证明是正确的，这些扶贫思路和扶贫举措也成为新时代扶贫开发理论的重要组成部分。这些扶贫思路和扶贫经历成为当前巩固脱贫攻坚成果与实施乡村振兴战略的重要理论和实践来源。

---

[*] 汤兆云：博士，华侨大学政治与公共管理学院院长，教授，博士生导师。

习近平在宁德工作期间关于扶贫的重要论述研究

宋帮强[*]

摘要：1988 年 6 月，习近平同志一到宁德赴任，就深入基层调查研究，就宁德如何脱贫致富进行了深入思考。针对当时宁德干部群众贫困意识严重，习近平同志提出了"扶贫先扶志""扶贫必扶智"自强理念，消除他们的"贫困意识"，使他们自觉采取行动来脱贫，再通过教育的方式提高他们脱贫本领，进而使他们摆脱"经济贫困"；大力倡导"弱鸟先飞"的进取意识，扬长避短，发挥宁德的优势，走一条适合本地发展的"先飞之路""快飞之路"；推动当地干部群众上下发扬"滴水穿石""久久为功"的持之以恒精神，树立长远规划，一任接着一任干，打响了一场波澜壮阔的扶贫攻坚战，因地制宜闯出一条脱贫致富道路的"宁德模式"。

---

[*] 宋帮强：闽南师范大学马克思主义学院副院长，教授。

习近平宁德工作期间关于"三农"的重要论述及其时代价值

——以《摆脱贫困》为研究文本

何孟飞[*]

摘要：《摆脱贫困》蕴含了习近平同志宁德工作期间在调查研究和带领干部群众脱贫实践基础上，对解决"三农"问题提出的前瞻性、系统性思想观点：辩证地看待"穷农"与"富农"之间关系，脱贫是一项长期艰巨任务，做好打持久战的思想准备；建设好贫困地区的精神文明，重视发展闽东林业脱贫致富，做好少数民族脱贫工作，促进各民族平等，探索走一条发展大农业的路子，加强脱贫第一线的核心力量，抓好廉政建设是共产党人的历史使命等。这些思想观点不仅对于我们决战决胜脱贫攻坚有重大意义，而且对于我们推进新时代"三农"工作和实施乡村振兴战略，仍然有深远的指导价值。

---

[*] 何孟飞：闽南师范大学马克思主义学院教授，硕士生导师。

提升中国扶贫经验传播话语权的意义与路径选择

吴春金　胡亚珂[*]

摘要： 当前，我国扶贫事业在规模和质量上取得的成就令世界瞩目。如何更好地向世界讲好中国扶贫故事，进而提高我国在扶贫领域的话语权，需要我们在理论和实践上同向发力。2013 年 11 月 3 日，习近平总书记考察湖南十八洞村时，提出了精准扶贫的重要思想。精准扶贫战略实施以来，中国减贫脱贫事业取得了显著成效。提升中国扶贫经验传播话语权的价值意蕴，是为推进马克思反贫困理论中国化，为世界反贫事业贡献中国智慧，彰显了中国特色社会主义的制度优势，有助于凝聚力量，提升文化软实力。在提升中国扶贫经验传播话语权的路径选择上，我们要推动扶贫开发治理现代化，加快构建中国话语体系，同时要讲好中国扶贫故事，彰显中国特色话语体系的中国力量。

---

[*] 吴春金：厦门大学马克思主义学院硕士研究生。胡亚珂：厦门大学马克思主义学院硕士研究生。

习近平生态文明思想在福建的孕育和实践对新时代乡村振兴战略的启示

黄承梁　林　震　黄茂兴[*]

摘要：乡村振兴战略是统筹推进城乡区域协调发展，破解发展不平衡不充分问题，全面建设社会主义现代化国家的重大历史任务和国家战略。从1985年6月到2002年10月，在福建工作生活的年头里，习近平同志始终坚持以人民群众的根本利益为出发点和落脚点，通过前瞻性的思考、全局性的谋划、战略性的布局以及针对性、具体性和可实施的实践举措，为厦门、宁德、福州和福建发展持续绘就宏伟蓝图，形成了许多既领先那个时代，又与习近平生态文明思想一脉相承的许多标志性、原创性的观点、理念和思想，为我们党在新时代社会主义现代化建设道路新征程上持续推动的乡村振兴战略贡献了原创而富有远见的生态智慧，极大深化和拓展了包括塞罕坝精神、脱贫攻坚精神在内的中国共产党人精神谱系的精神实质和丰富内涵。

---

[*] 黄承梁：博士，中国社会科学院习近平生态文明思想研究中心秘书长，中共山东省委党校（山东行政学院）特聘教授。林震：博士，北京林业大学生态文明研究院院长，教授。黄茂兴：博士，中国（福建）生态文明建设研究院执行院长，教授。

重视乡村文化建设 提高农民幸福感

朱启臻[*]

摘要：文化建设是乡村振兴的灵魂，文化既贯穿在整个乡村振兴过程的始终，为乡村振兴实践规定着方向、注入活力和动力，也渗透在乡村产业、生态等振兴目标的方方面面，构成乡村振兴的丰富内涵。乡村振兴为农民而兴，乡村建设为农民而建。乡村振兴要立足于尊重农民生活方式，引导农民的文化消费，满足农民文化需求以及建设社会主义新文化。让农民过上幸福生活是乡村振兴的最终目标，满足文化需求是农民幸福生活的重要内容。激活农民内生动力和提升农民的幸福感是巩固脱贫攻坚成果与乡村振兴有效衔接的重要途径。河北承德隆化县巩固脱贫攻坚成果乡村振兴衔接项目研究表明，激活乡村发展内生动力可以从提升农民的荣誉感、责任感和幸福感三个方面着手，唯有在尊重乡村规律、满足农民需求的前提下，方能把乡村振兴工作做出事半功倍的效果。

---

[*] 朱启臻：中国农业大学农民问题研究所所长，教授。

积极型治理：中国共产党反贫困战略的经验总结与理论提炼

郭 亮[*]

摘要：要从治理的角度总结中国共产党反贫困战略得以成功的原因，并为后续国家战略的实施提供借鉴意义。中国共产党始终具有治理贫困的强大内生动力，而这种动力正是来源于中国共产党所信奉的一种权利哲学——要实现人民的积极性权利，积极型治理是对中国共产党反贫困战略实施过程的经验总结和治理模式提炼。从实践来看，中国共产党的反贫困战略具有3个鲜明的特征：积极的人权观构成反贫困战略的思想基础，干部下乡则构成了反贫困战略实施的组织保障，农民参与则是反贫困战略实施的社会基础。得益于3个基础性因素的保障，中国共产党的各级组织和党员干部在反贫困战略的实践中表现出较强的主动性和能动性，最终构成了积极型治理。积极型的治理既是对中国共产党反贫困治理经验的总结，亦是新时期推动乡村振兴的重要治理体系保障。

---

[*] 郭亮：华中科技大学法学院教授，博士生导师。

从绿到金：基于自然的生态振兴与绿色共富之道

林 震[*]

摘要：实现"共同富裕"和"人与自然和谐共生"是我国实现第二个百年目标的两个重要内容。"绿水青山就是金山银山"是连接这两个目标的有效途径和必由之路，也是习近平生态文明思想、习近平经济思想和习近平关于"三农"工作的重要论述的交汇点。要发挥宁德的山海优势，挖掘好宁德的山海资源，立足宁德实际，大念"山海经"——"'靠山吃山唱山歌，靠海吃海念海经'，稳住粮食，山海田一起抓"，走一条发展"大农业"的路子。造林绿化、振兴闽东是一项充满希望的事业。如今闽东的林业已取得了丰硕的发展成果，在脱贫工作发挥了重要作用，在经济社会发展过程中也占有突出地位。从宁德到全省，从地方到中央，从中国到世界，一路走来，习近平总书记始终坚持"敬畏自然、尊重自然、顺应自然、保护自然"的理念，也指出要善用自然，把绿水青山转化成金山银山，走生态优先、绿色发展之路，最终实现人与自然和谐共生的现代化。

---

[*] 林震：北京林业大学生态文明研究院院长，教授。

以县域为单元高质量打造乡村振兴齐鲁样板

崔宝敏[*]

摘要：2021年10月，习近平总书记在山东考察调研，对山东作出了"三个走在前"的指示要求。2022年中央一号文件再次把"三农"工作提升到前所未有的高度。乡村振兴县域样板充分彰显了山东农业大省的地位和优势，山东省勇于先行尝试，敢闯敢干，在贯彻落实党中央乡村振兴战略的道路上因地制宜地将理论与实践有机结合，发挥榜样和示范带头作用，贡献了山东智慧和山东经验。山东作为农业大省，肩扛责任，勇于先行尝试，以县域为单元高标准打造乡村振兴齐鲁样板。本文针对山东当前县域振兴面临的发展不平衡、产业辐射带动能力不强、文化纽带薄弱等问题，吸收借鉴先进经验，提出了相关的对策建议，旨在强调要因地制宜地将理论与实践有机结合，促进城乡协调发展，高质量打造乡村振兴齐鲁样板，贡献山东智慧和山东经验。

---

[*] 崔宝敏：山东省习近平新时代中国特色社会主义思想研究中心研究员。

公共财政体制城乡一体化与乡村振兴

——以永安市曹远镇为例

李文溥　唐文倩　王燕武[*]

摘要：工业化城市化推动了经济增长，在这一过程中城乡发展水平、工农收入差距也逐步扩大。城市化率30%至50%的发展阶段，农村人口大量流入城市。在城市化率50%至70%的发展阶段，人口和就业向城市集中，乡村人口进一步减少。在城市化率超过70%后，无计划的"返乡运动"，以及工业化思维主导的建设会带来新的矛盾。我国在城市化率接近70%时，要做好城市对农村的反哺，以及其他产业对农业的支持，从而更好推进乡村振兴。可以从几个方面着手：建立城乡一体化的公共财政制度，把农村视为与城市一样的地区，公平、普惠、制度化地向农村提供财政资金；逐步建立城乡一体化的社会保障社会福利及社会救济体系，将农民纳入这一体系，做好兜底工作；增加财政对农业基础设施投入，创造条件，较大幅度地提高农业生产经营的比较收益，实现农村产业兴旺。

---

[*] 李文溥：厦门大学宏观经济研究中心、厦门大学经济学院特聘教授，博士生导师。唐文倩：经济学博士，福建省财政厅挂职永安市政府党组成员、市财政局副局长。王燕武：经济学博士，厦门大学宏观经济研究中心、厦门大学经济学院教授，博士生导师。

产业联盟党委：乡村基层党建创新引领乡村产业振兴研究

——闽西北J县A乡的实证调查

朱冬亮　王红卓[*]

摘要：当前中国乡村普遍面临劳动力和精英外流、乡村基层党组织弱化、乡村产业基础薄弱的问题。为了实现乡村产业振兴，A乡创新成立了产业联盟党委，即通过乡村基层党组织的联建与联动，不断壮大乡村集体经济和带领乡村人民群众共同富裕的一种新型乡村基层党组织形式。通过联村建党，凝聚基层党组织的治理力量，推动乡村治理的现代化：创新了党组织设置方式，破解了"孤军奋战"的困境，创新了党组织工作机制，提升了组织的战斗力，创新了党组织人才培育方式，扩大了组织的影响力。通过产业联盟，捆绑推进乡村产业振兴：吸引了涉农龙头企业下乡，拓展乡村产业发展的空间，加快了各类生产要素向乡村汇集，推动乡村产业发展的现代化、强基固本，构建合理的利益联结机制，推动村集体经济收入渠道多元化并保障村民合理利益；联村党建与产业联盟双向互动，乡村基层党建与乡村产业发展共创新局，为新时代实施乡村振兴战略提供了有益借鉴。

---

[*] 朱冬亮：厦门大学马克思主义学院教授，博士生导师。王红卓：厦门大学马克思主义学院博士研究生。

乡村产业振兴的发力点和突破口

王艺明[*]

摘要：产业振兴是实现乡村振兴的基础。推进乡村产业振兴，要以发展现代农业为重点，坚持质量、绿色、品牌和科技等核心要素，结合农业供给侧结构性改革，构建现代农业产业体系、生产体系、经营体系，推动三个产业融合发展，带动农民增收致富。乡村产业振兴应植根于县域，依托乡村农业资源，以农民为主体，积极创新创业，形成具有鲜明区域特色、业态丰富的产业体系。文章围绕乡村产业振兴的发力点和突破口，从以下四方面展开论述：一是发展壮大乡村特色优势产业；二是推进农村一、二、三产业融合，发展多种类型的新业态和新模式；三是以质量、绿色、品牌和科技四要素实现乡村产业振兴；四是改革农地制度和经营制度，构建现代农业经营体系。

---

[*] 王艺明：厦门大学王亚南经济研究院副院长，教授，博士生导师。

赋能新型农村集体经济：现实困境与可能路径

舒　展　曾耀岚[*]

摘要：农村集体经济是我国社会主义公有制经济的重要组成部分，是共同富裕目标原则的重要表现形式。受主客观因素限制，新型农村集体经济的发展还面临不少困难，如：目前我国部分基层干部和农民对其认识不足，在观念上还存在一定偏差；伴随城市化发展，农村从业人员数量减少且呈现相对老龄化结构，经营管理人才供给不足；运行管理存在一定的依赖性、随意性和盲目性；整体发展环境存在一些隐患。本文面对新时代新发展阶段，就新型农村集体经济面临的困境，提出了赋能的可能路径：一要重点普及常态化的农业农村现代化培训站，增进思想共识和技能提升；二要构建共同富裕原则下的多元主体协同共治新格局；三要以科技助力，促进集体"三资"（资金、资产和资源）增值；四要构建发展保障机制，突破发展瓶颈制约，增强新型农村集体经济发展后劲。总之，积极探索和破解新型集体经济发展过程中的难题，方可确保农村共同富裕取得明显成效。

---

[*] 舒展：福州大学马克思主义学院教授，福州大学学术委员会委员，福建省社科研究基地"福州大学中国特色社会主义思想研究中心"主任。曾耀岚：福州大学马克思主义学院硕士研究生。

农业科技创新与乡村产业振兴的关系研究

——基于福建省数据分析

王 婷 谢水旺[*]

摘要：实现乡村产业振兴，离不开农业科技创新的支撑和驱动，乡村产业振兴对农业科技创新也具有正向促进作用。本文首先分析农业科技创新与乡村产业振兴耦合交互作用机理；其次基于福建省2005—2020年数据，运用VAR模型，结合Granger因果检验、脉冲响应与方差分解等计量方法，实证分析农业科技创新与乡村产业振兴的耦合交互关系。研究结果表明：农业科技创新是乡村产业振兴的关键动力，乡村产业振兴对农业科技创新具有正向促进作用，两者构成耦合交互关系。但福建省乡村产业体系还不够成熟和完善，乡村产业振兴对农业科技新的反作用未能得到充分发挥，阻碍了乡村产业振兴战略落实和乡村产业活力激发。最后，本文从农业科技创新水平层面和乡村产业振兴层面提出政策建议，促进乡村产业振兴与农业科技协调发展，确保乡村产业振兴战略落实和永葆乡村产业发展活力。

---

[*] 王婷：福州大学经济与管理学院教授，硕士生导师。谢水旺：福州大学经济与管理学院硕士研究生。

推动闽台乡村融合　助力福建乡村振兴

杨洪涛　胡亚美[*]

摘要：福建省在推动乡村振兴过程中仍面临诸多难题，利用台湾在乡建乡创与农业发展方面的优势，通过建设台湾农民创业园承接台湾农业产业与鼓励台湾建筑师和文创团队来闽开展乡建乡创工作两个主要路径推动闽台乡村融合，能够在增进两岸融合发展的基础上助力福建实现乡村振兴。目前两条路径在取得一定成果的同时仍存在以下几个问题：一是闽台农业融合水平低；二是台创园内台资农业与当地经济耦合度不高；三是台商、台农融资困难；四是外来乡建乡创人员不易融入乡村；五是乡建乡创内生动力不足；六是乡建乡创偏离村民现实需求。针对以上问题，文章提出对策建议：第一，提升闽台农业产业融合水平；第二，建立健全土地、林地流转机制；第三，畅通融资贷款渠道；第四，加强闽台农民合作组织交流；第五，构建闽台乡建乡创对接平台；第六，推动闽台合作参与乡村建设；第七，提高乡村振兴投入。

---

[*] 杨洪涛：华侨大学工商管理学院教授，博士生导师，国家级教学名师，国家级教学团队负责人。胡亚美：华侨大学工商管理学院博士研究生。

组织嵌入治理助推农村集体经济发展路径研究

——以福建干部下派制度为例

林昌华[*]

摘要：坚持农村工作机制创新是顺应农村发展新阶段和形势变化的必然选择，也是脱贫攻坚阶段破解"三农"困境，有效解决农村治理资源贫弱、农村科技服务缺位、基层组织建设薄弱、农产品流通不畅等瓶颈问题的重要路径。总的来说，干部下派驻村工作机制的重要表现形式，主要涉及组织嵌入、政策嵌入、文化嵌入和服务嵌入等几个方面。这种嵌入治理机制能够帮助农村组织及时获得全方位政策支持，为农村发展注入新的活力源泉。而福建在干部下派制度农村组织工作机制方面的创新，已经形成了比较丰富的理论和实践成果，具体表现在，有助于农村集体经济壮大发展，有助于净化村级组织的政治生态，有助于繁荣发展农村先进文化，有利于促进农村发展进步稳定，有助于兼顾农村生态文明发展等方面。然而，农村组织的嵌入治理仍然面临着理论探索与实践经验衔接、外部嵌入与自治失灵衔接等方面困境。针对以上问题，必须紧密结合农村发展实际，因地制宜，推动农村工作机制的大胆探索创新更加深化、更加完善，为领航农村集体经济发展注入强劲动力。因此，要通过创新方式解决农村集体经济发展的问题必须通过坚持党的领导与农村基层组织自治相结合，实现嵌入治理机制融入农村组织运行和发展过程，积极探索完善符合农村经济发展实际的组织嵌入治理方式。

---

[*] 林昌华：福建社会科学院习近平经济思想研究所研究员。

乡村振兴战略下数字普惠金融对农村收入影响实证研究

程俊恒　陈守坤[*]

摘要： 数字普惠金融有力提升了现代金融服务在农村地区的可及性，对乡村振兴战略的深入实施具有重要作用。习近平总书记指出，农业农村工作，说一千、道一万，增加农民收入是关键。发展数字普惠金融不仅能够直接促进农村地区可支配收入增加，更有助于在乡村振兴战略实施过程中，通过产业发展、生态建设、乡风提升和治理多维度促进农村地区可支配收入的增加，推动共同富裕。围绕数字普惠金融基础设施建设和数字普惠金融体系建设与乡村振兴战略的结合，本文提出以下建议：要进一步加速数字普惠金融基础设施建设；加强数字普惠金融与农村产业发展有机结合；完善数字普惠金融对生态建设支持机制；以数字普惠金融工作引导乡风文明建设；借力数字普惠金融推动乡村治理，从各方面提升农村地区收入，缩小城乡差距，推动共同富裕。

---

[*] 程俊恒：福建师范大学副教授，博士，硕士生导师。陈守坤：福建师范大学硕士研究生。

从"闽宁模式"解读脱贫致富的中国智慧

杨选华[*]

摘要:"闽宁模式"体现了东西部结对帮扶、迈向共同富裕的中国经验、中国智慧。"闽宁模式"之所以成功,在于其始终坚持中国共产党的领导,充分发挥社会主义制度的优越性,坚持共同富裕的奋斗目标。20多年来,福建宁夏两省区历届党委、政府始终以党中央决策和习近平同志的重要指示精神为基本遵循,把狠抓落实对口帮扶议定事项作为首要任务,始终坚持"优势互补、互惠互利、长期协作、共同发展"的原则,在实践中逐步形成了"党政主导、市县结对、部门合作、企业参与、社会帮扶"的合作机制。"闽宁模式"体现扶贫"五个一批"的战略举措,包括发展生产脱贫一批、易地搬迁脱贫一批、生态补偿脱贫一批、发展教育脱贫一批、社会保障兜底一批。"闽宁模式"谱写了当今世界最生动的对口帮扶协作扶贫的中国故事,展现了人类脱贫致富的中国智慧,为国际反贫事业、人类探索更好的社会制度提供了中国方案。

---

[*] 杨选华:福建师范大学马克思主义学院副教授,博士。

福建乡村绿色发展"三化"路径探究

陈贵松　陈小琴[*]

摘要：绿色发展成为时代潮流，福建要走好乡村绿色发展振兴之路。习近平总书记绿色发展理念蕴含丰富内容，深刻回答了什么是"绿色发展"，为什么坚持"绿色发展"以及如何推进"绿色发展"等理论和实践问题，形成了系统的、完整的思想体系。习近平总书记在闽工作期间的扎实基础、乡村富有的资源与环境条件、绿色发展的政策支持和人们对美好生活的强烈需求，构成福建乡村绿色发展的优势。福建可以通过重新审视乡村生态价值、拓展生态产品产业开发、乡村生态产业适度开发形成生态产业化，推进生态农业高质发展、强化种养产业绿色生产、统筹剩余物循环再利用、全程把控产品质量安全形成产业生态化，培养公民绿色消费意识、加强绿色消费监督管理、加大绿色消费政策支持形成消费绿色化，以"三化"路径，进一步形成绿色发展新格局，助推乡村振兴。

---

[*] 陈贵松：福建农林大学经济管理学院副教授，博士。陈小琴：福建农林大学经济管理学院副教授，博士。

习近平总书记关于科技扶贫的重要论述：
理论逻辑、现实逻辑和具体内容

黄安胜　阮晓菁　李孟君[*]

摘要：习近平总书记关于科技扶贫的重要论述，系统而全面地阐述了科技在我国扶贫工作中的重要地位，指出科学技术是农村脱贫致富的关键。习近平总书记科技扶贫论述根植于马克思主义科技哲学和反贫困思想，继承和发展了中国共产党对科技扶贫的长期探索与实践，汲取了中华传统科技文明和国际先进文明思想，形成于脱贫攻坚的伟大实践中。其具体内容主要表现在治理观、价值观、生态观、人才观、创新观和战略观6个方面。新时代下，贯彻习近平总书记关于科技扶贫重要论述，需要做到：以习近平总书记科技扶贫重要论述为指引，制定新时代科技兴农规划；构建高效的科技人才队伍，落实好科技特派员制度；创新农村科技扶贫模式，开创乡村创新创业新局面。

---

[*] 黄安胜：福建农林大学公共管理学院副教授，博士。阮晓菁：福建农林大学公共管理学院院长，研究员，博士。李孟君：福建农林大学公共管理学院硕士研究生。

教育扶贫迈向乡村教育振兴的现实逻辑与未来图景

黄耀明[*]

摘要： 乡村教育振兴是助推乡村实现全面振兴的基础性、先导性工程，站在全面建成小康社会的历史节点，教育扶贫迈向乡村教育振兴是化解城乡发展不平衡和乡村发展不充分社会主要矛盾的现实逻辑需要，是实现教育公平、强基固本助力乡村振兴战略、实现共同富裕的现实需要。在后小康社会的新时期，乡村教育的优质发展面临更多压力和挑战，加之国际风云变幻、新冠疫情公共卫生危机及不确定因素叠加，教育扶贫迈向乡村教育振兴面临着经济基础薄弱、师资力量薄弱、乡土性缺失、价值偏离、信息技术滞后等诸多困境。应通过政策组合优化、经费筹措保障、优质师资建设、乡土文化滋养、数字技术支持等方面开创乡村振兴的新生态，让未来城乡教育共享改革开放成果并真正展示出无差别最美图景。

---

[*] 黄耀明：闽南师范大学乡村振兴战略研究院执行院长，教授，硕士生导师。

习近平农业多功能性相关论述及实践

丁长发[*]

摘要：习近平农业多功能性相关论述及实践是习近平乡村振兴有关论述和实践的核心内容，要注重发挥农业的经济、社会、生态和文化四大功能来实现我国的乡村振兴。通过稳定农民的农地产权，适当扩大农地经营规模，激发农民确保生产粮食的积极性，重视和依靠农业科技进步的途径实现农业的经济功能；通过依靠农民来推进乡村全面振兴，提高农民科学文化素质，深化农村集体产权制度改革，统筹城乡发展，改善农村基础设施，促进一、二、三产业交叉融合来促进农民增收和农民就业的途径实现其农业的社会功能；贯彻落实习近平农业文化传承功能的理论精神，通过启动全国性农业文化遗产普查，推动全球重要农业文化遗产国际合作，启动重要农业文化遗产监测评估等途径实现农业的文化传承功能；通过实现城乡一体化，推进农村人居环境整治，继续推进社会主义新农村建设，建立生态补偿机制，牢固树立和践行绿水青山就是金山银山的理念，通过统筹山水林田湖草系统治理，严守生态保护红线等途径实现农业的生态功能，以绿色发展引领乡村振兴。

---

[*] 丁长发：厦门大学经济学系副教授，硕士生导师。

国有企业"内嵌"精准扶贫战略的政治经济学分析

——以中交怒江扶贫模式为依据

肖 斌 尤惠阳[*]

摘要： 作为特殊的扶贫主体，国有企业在中国共产党人的精准扶贫战略中扮演着至关重要的角色和作用。本文首先例举了持续时间长，影响范围大，作用程度深的三种传统扶贫模式的成就与不足，继而以中交集团参与怒江扶贫的经验为依据，剖析了国有企业内嵌于脱贫攻坚战略的特色和亮点：一是狠抓项目落实与促进农民增收相结合；二是夯实物质扶贫与强化队伍建设相结合；三是推动志智双扶与区域融合再造相结合。末则进行国有企业"内嵌"精准扶贫战略的政治经济学分析，即进一步明确国有企业参与精准扶贫既孕育了公有制经济内部两种成分的良性互动，也打造了从精准扶贫到乡村振兴的现实桥梁，更是实施国内大循环和国内国际双循环新发展格局的重要一环。

---

[*] 肖斌：厦门大学马克思主义学院副教授，博士生导师。尤惠阳：厦门大学马克思主义学院硕士研究生。

新中国成立以来党领导"三农"工作的历程与经验启示

赖扬恩[*]

摘要：重视农业、农村、农民问题，是我们党的优良传统，也是党一贯坚持的战略思想。党的十八大以来，党始终坚持把解决好"三农"问题作为全党工作的重中之重，推动农业农村取得历史性成就、发生历史性变革。梳理新中国成立以来党领导"三农"工作的探索历程，从中得出以下经验启示：必须健全党对"三农"工作的全面领导制度，为新时代"三农"发展提供根本保证；必须始终坚持从基本国情出发，强调与中国的实际相结合，走中国特色社会主义乡村振兴道路；必须坚持以人民为中心，以解决民生为根本点和立足点，始终尊重农民主体地位；必须注重"三农"工作方式方法的改革创新，善于调动一切积极因素，发挥各方合力整合的协同效应。

---

[*] 赖扬恩：福建社会科学院社会学研究所副研究员。

新型农村集体经济促进乡村振兴的内在机理分析

钟卫华　石雪梅[*]

摘要：新型农村集体经济是指有别于传统"一大二公"，适应社会主义市场经济要求，由部分劳动群众共同占有生产资料，劳动成果共有，产权清晰，成员边界明确的公有制经济。这种新型农村集体经济的发展与乡村振兴有内在关联，能够有效促进乡村产业发展，为农村实现生活富裕、生态宜居、乡风文明、治理有效打下坚实的物质基础，对促进乡村振兴具有无可替代的重要作用。要促进新型农村集体经济的发展，需要健全建强村级"两委"班子，政府要顺势而为积极引导，有针对性地开展乡村两级干部培训、学习、考察，转变思想观念、开拓思路眼界；同时要完善相关法律及配套措施，多途径解决发展资金和选择适合发展模式，因地制宜盘活农村资源，挖掘开发利用特色资源，这样才能做大做强新型农村集体经济，助推乡村振兴战略目标的实现。

---

[*] 钟卫华：三明学院马克思主义学院教授。石雪梅：三明学院马克思主义学院副教授。

乡村振兴视域下"一肩挑"政策的村级补偿实践

——以福建省四县(市)调查为例

殷文梅[*]

摘要：党的十九大后，"一肩挑"政策对于实现全面从严治党，促进乡村组织振兴、提升党对农村工作的全面领导效能具有重大的理论和现实意义。由于"一肩挑"政策实行的历时性争议、村"两委"组织治理效能欠佳的现实倒逼、全面从严治党与"一肩挑"政策导向等三方面原因，在村级贯彻落实"一肩挑"政策实践过程中要实行相应的选举补偿手段。从福建省最新一次村级实地调查发现，一方面，其主要采取村民自治层面的社区选举心理补偿、村主干的制度身份补偿和经济利益补偿等正向性补偿手段，另一方面，采取"回头看"、选聘分离制度或者"六不"政策等选举后"惩罚性"补偿手段。这些"选举补偿"可有效弥合"一肩挑"政策实践中的村民自治力量、党政力量等各种张力因素，但也不免会因为诸多举措系地方自创而丧失正统的合法性基础。因此，未来在"一肩挑"政策的全面推进态势下，亟须探索实现分类的"选举补偿"机制，从而形成最大的补偿合力以促使整体效果达到最优。

---

[*] 殷文梅：厦门大学马克思主义学院博士研究生。

农村现代化水平评价与省域差异分析

郭翔宇　钱佰慧　王艳娣[*]

摘要：研究构建农村现代化水平评价指标体系和方法，定量评价和动态监测农村现代化进程与水平，是一项具有重要意义的基础性工作。本文在界定农村现代化内涵和概念基础上，从农业现代化水平、农村现代化（狭义）水平、农民现代化水平、城乡融合发展水平4个方面构建了4个一级指标、13个二级指标和58个三级指标的广义农村现代化水平评价指标体系，以此测算2010—2019年全国农村现代化水平，并预测未来进展和阶段变化。评价结果显示，2010年以来，全国农村现代化水平呈现持续上升趋势，2019年处于农村现代化起步阶段中期，并预测2024年将进入农村现代化起步阶段的后期，2033年将进入基本实现农村现代化阶段。同时，不同指标之间发展不均衡，表现出不同的优劣势，优势指标对提升农村现代化水平起到正向带动作用，劣势指标反之。因此，全面推进乡村振兴、加快农业农村现代化，要抓住几个重点：一是大力推进农业生产过程的机械化、水利化、信息化、组织化，促进农业绿色发展和高质量发展；二是深度推进农村一、二、三产业融合发展；三是大力推进农民增收，促进城乡居民收入均衡化；四是加快提高城乡融合发水平。

---

[*] 郭翔宇：东北农业大学经济管理学院教授，博士生导师，黑龙江省高端智库"现代农业发展研究中心"主任、首席专家。钱佰慧：东北农业大学经济管理学院博士研究生。王艳娣：福建省泉州广播电视台经济节目中心副总监，编辑。

农村生活污水治理多元主体投入路径及对策研究

——以河南省为例

张鸣鸣[*]

摘要： 农村生活污水直接影响乡村公共卫生和农村环境健康，对其进行有效的、可持续的管理是提高农民生活质量、改善乡村生态环境、实施乡村振兴战略的重要举措。河南是我国典型的农业大省、人口大省，近年来探索了以财政资金引导市场、农民和村集体等多元主体投入农村生活污水治理的投资方式，在提高财政资金使用效率、破解社会资本进入难题以及发挥农民主体作用等方面开展了有益探索。河南省的实践探索表明，在政府引导下，通过合理统筹财政资金，鼓励市场参与以及农民和村集体多种形式投入，实现农村生活污水有效的、可持续的管理是可行的。可通过加大资金投入，明确投资方向和重点，创新制度建设，建立多元化长效投资模式，厘清财政优先领域，构建多级财政分类分担机制，拓展社会主体类别，探索资本进入的有效路径，规范程序，建立有利于发挥农户作用的体制机制等系统性制度设计和组合式政策投入加以破解。

---

[*] 张鸣鸣：农业农村部沼气科学研究所研究员，博士生导师。

汇聚慈善公益力量　大步走向共同富裕

张所菲[*]

摘要：慈善事业是我国基本经济制度、民生保障制度和社会治理制度的重要组成部分。党的十九届六中全会审议通过的《中共中央关于党的百年奋斗重大成就和历史经验的决议》，为慈善事业提供了根本遵循和战略指引，慈善公益事业迎来了更广阔的发展空间。当前，慈善事业和慈善组织快速发展，慈善公益组织的桥梁与载体作用进一步凸显。公益基金会要进一步提高政治站位，深刻领悟"两个确立"的决定性意义，增强"四个意识"、坚定"四个自信"、做到"两个维护"，充分发挥慈善公益组织作用，为扎实推进共同富裕贡献力量。

---

[*] 张所菲：中国法学交流基金会理事长。

走好新的赶考之路，必须把乡村振兴不断推向前进

赵文涛[*]

摘要："三农"问题是关系国计民生的根本性问题，是安民之基、治国之要。全面推进乡村振兴作为实现强国复兴的必然要求、主动应变开新的关键之举、践行人民至上的题中之义、促进共同富裕的必经之路，需要全党全社会高度重视。要科学把握乡村振兴战略的内涵意蕴，毫不动摇地坚持农业农村优先发展总方针，在干部配备、要素配置、资金投入上优先保障；要紧扣乡村振兴总目标，全面理解、具体把握"二十个字"总要求，推动农业全面升级、农村全面进步、农民全面发展，以更好地满足人民日益增长的美好生活需要；要进一步夯实城乡融合发展政策制度保障，凝聚城乡发展合力，推动城乡高质量发展。新时代新征程上，广大党员干部要强化乡村振兴责任担当，巩固拓展脱贫攻坚成果，切实做好其与乡村振兴有效衔接各项工作，筑牢国家粮食安全防线，抓好乡村发展、乡村建设、乡村治理等重点工作的贯彻落实。

---

[*] 赵文涛：国防大学习近平新时代中国特色社会主义思想研究中心研究员。

新时代广东推进乡村振兴的实践探索与重要经验研究

宋宗宏[*]

摘要：党的十八大以来，广东深入学习贯彻习近平总书记关于"三农"工作和乡村振兴的重要论述精神，举全省之力推动乡村振兴，推动广东农业农村发展取得历史性成就、发生历史性变革。广东推进乡村振兴的生动实践、重大成就和历史经验，充分印证了习近平总书记关于乡村振兴重要论述的科学性、实践性和有效性，充分彰显了中国特色社会主义乡村振兴道路的正确性，也进一步丰富了乡村振兴规律性认识，为全国推进乡村振兴提供了重要的经验借鉴和理论启示。这些经验借鉴和理论启示主要有：坚持巩固完善农村基本经营制度并探索其新的实现形式，是推动乡村振兴、实现共同富裕的基础性制度保障；因地制宜、集中力量、多管齐下推动产业兴旺、农民增收，是促进乡村振兴的关键；抓住关键节点推动城乡连续统建设，是破解城乡二元结构的重要途径；构建党委领导下的多元主体共建共治共享格局，是推动乡村振兴、实现基层治理现代化的固本之策。因此，新时代广东推进乡村振兴的实践探索与重要经验，对丰富中国特色社会主义乡村振兴道路具有重要意义。

---

[*] 宋宗宏：广东省习近平新时代中国特色社会主义思想研究中心办公室副主任，广东省社会科学院当代马克思主义研究所副所长，副研究员。

凉山彝区深度贫困形成机理与精准扶贫施策机制研究

高 杰[*]

摘要：凉山彝区曾是全国贫困程度最深、贫困规模最大的区域，多类型致贫因素循环累加效应导致了彝区贫困问题的整体性和严重性，决定了扶贫政策实施的困难性。党的十八大以来，我国实施了以精准扶贫政策为核心的脱贫攻坚战略。精准扶贫政策通过大规模帮扶资源投入改变了凉山彝区脱贫攻坚所面临的外部环境，并以政策与乡村社会的嵌合改变了贫困者所处的社会结构，重塑了贫困者的行动情境，并通过外部机会与内部资源的同步拓展改变贫困者行动模式，从而阻断了贫困恶性循环，推动贫困者跳出贫困陷阱。精准扶贫政策通过提供发展机会、注入发展要素等自外而内的方式重构贫困地区发展条件，通过帮扶资源与贫困地区自有资源的结合重塑了贫困地区内生动能，从而实现了内部发展能力与外部发展机会的内外联动，构成了精准扶贫政策有效性的基本施策逻辑。为从根源上抑制凉山彝区等深度贫困地区规模性返贫的发生风险，要深入总结脱贫攻坚成功的经验，并根据地区发展出现的新矛盾、新问题及时调整政策重点和施策方式，推动脱贫攻坚政策与乡村振兴政策的有效衔接，构建地区持续稳定发展的政策支持体系。

---

[*] 高杰：经济学博士，四川省社会科学院副研究员。

论乡村振兴战略落实路线图

彭兆荣[*]

摘要：习近平总书记在党的十九大报告中提出乡村振兴战略，2018年中央一号文件公布了实施乡村振兴战略的"四梁八柱"。这样的战略布局对一个有着数千年农耕文明的传统国家而言，至关重要。然而，这一伟大的战略布局如何构成，如何落实，如何行动，是检验这一战略成功与否的关键。尤其重要的是，这一战略是从国家层面做出的宏观决策，它在中观层面有何基本组成部分，在中观层面之下，又有什么微观内容，需要我们认真研究和把握。乡村振兴落实路线图可以从以下5个方面把握：乡村振兴有其特定的语境和特殊的语义，任何好的决策都建立在更好的落实基础上，农业在人类文明史上一直处在变化与变迁之中，农业生产的发展表现为精耕细作水平和单位面积产量的提高，生存安全问题是人类最为攸关的问题。确立乡村振兴战略需要有相应的参照系，主要参照对象包括西方发达国家、东亚国家的村落保护模式与经验以及华人华侨将自己的乡土家园的元素与当地生态、文化相融合而产生的村落样板等，做到博采众长。只有确立具有重大的、切合我国实际的战略目标和实施路径，进行有的放矢的落实和解决，方可保证战略向纵深推进。

---

[*] 彭兆荣：厦门大学人类学系教授，博士生导师。

乡村振兴战略的"三让"愿景：
理论意义与实践价值

卢长宝[*]

摘要：实施乡村振兴是摆脱贫困走向共同富裕的重大战略举措，而"让农业成为有奔头的产业，让农民成为有吸引力的职业，让农村成为安居乐业的美丽家园"的"三让"愿景则是衡量乡村振兴成效的关键标志。"三让"作为乡村振兴战略的愿景，也是农业、农村、农民发展的目标。"三让"愿景不仅为摆脱贫困走向共同富裕提供了理论基础，而且为乡村振兴提供了实践抓手。第一，"让农业成为有奔头的产业"就是要农村有产业，能够为农民提供可持续收入，彻底摆脱贫困，走向现代化与共同富裕；第二，"让农民成为有吸引力的职业"就是要让农村找到适合自身的产业，帮助农民职业化，强化本土就业，充分就业；第三，"让农村成为安居乐业的美丽家园"就是要通过大力构建农村精神文明，城乡一体化发展，使农村有自己的生活，农民幸福感大幅度提升。习近平总书记在《摆脱贫困》中指出，"全书的题目叫做'摆脱贫困'，其意义首先在于摆脱意识和思路的'贫困'"。在新的征程上，要始终不渝地把加快"三让"实现作为农村跨越式发展的总抓手，把巩固提升脱贫攻坚成果与实现乡村振兴有效衔接，推进乡村全面高质量发展，努力建设现代化的大美农村。

---

[*] 卢长宝：福州大学经济与管理学院教授，博士生导师。

从脱贫到振兴：农旅融合背景下红色乡村的跃迁之路

——以福建省下党村为例

林 胜 吴文溢[*]

摘要：脱贫攻坚与乡村振兴战略是新时代中国"三农"工作的两大重要战略部署，两大战略的衔接直接关系到脱贫攻坚的成效与乡村振兴的质量。福建省下党村作为一个小型的社会系统、案例村，拥有别具一格的红色文化资源，在探索如何使其"变现"并"做大"红色旅游的蛋糕的实践上取得了显著成效。通览下党村过去的农旅融合脱贫项目，其大体上形成红色资源与旅游结合的脱贫方案，即以村内独特的红色文化为核心产品来吸引游客，从而增加贫困地区收入，让旅游产业带动乡村发展。下党村在不到10年时间内，成功地实现从村庄整体脱贫到成为乡村振兴的"样板村"，其农旅相结合的整体开发模式值得其他传统村落借鉴。其模式可概括为：再拓展旅游文化内涵，提升产业品牌效益，推动产业发展社会化，综合山区与农旅开发。未来农旅产业与农村的发展，应当立足本村落，兼顾区域全局，以可持续减贫和高质量振兴乡村为主线，推动人力资源发展、产业进一步融合、相关政策调整、完善基建并合理规划等方面，加快实现脱贫攻坚与乡村振兴的有机衔接。

[*] 林胜：福州大学人文社会科学学院社会学系教授，硕士生导师。吴文溢：中央民族大学民族学与社会学学院硕士研究生。

中国乡村共同富裕典型案例的一般经验及其政治经济学分析

杨玉华[*]

摘要：实现共同富裕承载着中国人民的千年理想，是无数中国共产党人带领群众披荆斩棘、改革创新的艰苦创业历史，也是马克思主义与中国具体实际相结合的生动实践。共同富裕的难点在农村，而实践说明传统社会现代转型、共同富裕最成功的典型也在农村。乡村振兴、共同富裕的先进典型是马克思主义经济学原理与中国社会主义市场经济实际相结合的成功实践，充分展示了马克思主义经济学的强大生命力。在社会主义市场经济条件下，财富发展的根本途径就是扩大再生产，扩大再生产的内部动力就是剩余价值的不断积累。因此，物质财富增长的本质就是剩余价值生产及其积累。而剩余价值生产与积累不仅是财富发展的本质和基础，而且是推动社会进步、个人全面发展的条件和内生动力。共同富裕在社会主义市场经济条件下的本质内涵就是以剩余价值为基础的财富创造和分配的统一问题。

---

[*] 杨玉华：泉州师范学院陈守仁商学院教授，福建省特色智库民营经济发展研究院、泉州师范学院侨乡区域经济研究中心研究员，硕士生导师。

摆脱贫困背景下闽东畲族文化发展的实践逻辑及建构路径

李益长　陈丽冰[*]

摘要：习近平同志在《摆脱贫困》一书中多次对闽东畲族文化发展问题展开精辟论述，并提出把"闽东之光"畲族文化传播开去的诸多构想。习近平同志在《巩固民族大团结的基础——关于促进少数民族共同繁荣富裕问题的思考》一文中指出，"继承和发展少数民族文化问题"，这是他对闽东畲族文化事业发展的重要思考。20世纪90年代以来，闽东各界"抓紧挖掘整理畲族文化遗产""抓紧修建畲族博物馆""建立或完善民族文化站、文化中心、山村俱乐部、文化活动室"，努力保护和传承畲族文化。进入21世纪后，闽东畲族文化进入了多样化的发展阶段，现代性建构的理论和实践探索在多层面展开。闽东畲族聚居区人民在摆脱经济文化贫困的目标中，响应习近平同志的民族文化建设精神，增强闽东各族群众的中华民族共同体意识，并借助多方力量共同推进畲族文化的现代性发展，以期找寻"一条具有闽东特色的"畲族文化发展路径。一是凝聚文化空间合力，提升畲村民众文化自信力。二是落实文化惠民工程，优化畲村公共文化服务供给。三是发挥融媒体优势，拓展畲族文化传播渠道。四是加强"民族综合人"培养，提升畲族文化传承能力。

---

[*] 李益长：宁德师范学院教授，硕士生导师。陈丽冰：宁德师范学院教授，硕士生导师。

共同富裕目标下的区域乡村振兴理论与实践探索

——基于三明市乡村振兴实践的若干思考

曾祥添[*]

摘要：实施乡村振兴战略，是党的十九大作出的重大决策部署，既是新时代解决"三农"问题的根本方法，也是解决我国新时代社会主要矛盾、实现平衡充分发展的重大举措，更是实现共同富裕的重大前提。乡村振兴战略立意高远，但其实施具有地域性。三明市在推进乡村振兴中，探索形成半山村"抓党建就是抓发展"和县乡村"房长制"乡村振兴新机制。在区域乡村振兴新机制实践基础上，三明乡村振兴再出发再实践取得好成效，如生态宜居融合型乡村振兴——将乐常口村"三生融合"再实践、小吃文化引领型乡村振兴——沙县俞邦村文旅融合再实践、特色产业主导型乡村振兴——建宁枫元村特色种业再实践。但在全国全面推进乡村振兴过程中，各地相继出现的乡村振兴的认知问题、行动问题及乡村振兴研究问题等，一定程度上影响了乡村振兴的推进。在共同富裕目标下，既要扎实推进解决社会矛盾的乡村振兴，更要把乡村振兴与经济社会发展的多种可能性相融合，促进共同发展、实现共同富裕。

---

[*] 曾祥添：三明学院经济与管理学院教授，硕士生导师，三明学院海峡两岸乡村融合发展研究院长，三明市乡村休闲发展研究中心主任。

习近平扶贫论述暨中国减贫学

兰光其[*]

摘要： 习近平扶贫论述是中国减贫学的理论内核，为中国减贫学搭建起了"四梁八柱"，奠定了坚实的理论基石和思想基础，体现了中国减贫历史逻辑、理论逻辑、实践逻辑的高度统一。《摆脱贫困》是习近平扶贫论述的源泉，也是精准扶贫"宁德模式"的灵魂。从闽东经验到中国实践，历史证明了习近平新时代中国特色社会主义思想立足时代之基、回答时代之问的科学力量。习近平扶贫论述所阐释的具有中国特色的反贫困理论，体系完整、内涵丰富、思想深刻、逻辑严密、科学可行，深刻揭示了扶贫工作的基本特征和科学规律，精辟阐述了扶贫工作的发展方向和实现途径，是做好扶贫工作的科学指南和基本遵循，是全面建成小康社会的理论基础和行动纲领，对中国乃至世界减贫事业、对构建人类命运共同体和保障国际人权做出了重大贡献，具有重要的政治价值、经济价值、文化价值、社会价值、生态价值和国际价值。

---

[*] 兰光其：中共宁德市委党校（宁德市行政学院）副教授，宁德文化名家，宁德市政协委员。

数字赋能福建省农村电商高质量发展

姜红波　张智超　杨欣欣[*]

摘要：在全面推动乡村振兴战略的背景下，数字技术及农村电商在助推和提高农村地区经济发展、农业现代化和农村信息化水平等方面发挥重要作用。当前，福建省农村电商整体发展势头良好，但仍存在个别县区和城市突出、整体发展不均衡等问题，且与浙江省等地区存在很大差距，亟须通过数字技术赋能促进福建省农村电商高质量发展。因此，福建省农村电商要实现高质量发展，应立足新发展理念，提出以数字技术推动福建省农村电商创新发展、协调发展、绿色发展、开放发展及共享发展的发展路径。简而言之，福建省农村电商发展既要保证在新发展理念下进行，又要确保数字技术的灵活运用。一是以人才创新带动农村电商快速发展，以品牌创新塑造特色产品形象。二是以区域协调加强政府与农村沟通，以城乡协调保障农村电商追赶城市电商。三是以绿色产业保护生态环境，以绿色物流减少运输成本。四是以跨界电商促进开放发展，以资源整合实现信息共享。

---

[*] 姜红波：厦门理工学院经济与管理学院教授。张智超：厦门理工学院经济与管理学院硕士研究生。杨欣欣：厦门理工学院经济与管理学院硕士研究生。

全域旅游视角下三明红色旅游品牌构建路径探讨

陈爱兰[*]

摘要：三明所辖各县是原中央苏区县的重要组成部分，留存有不少红色资源。近年来，全国各地的红色旅游蓬勃发展，三明紧跟时代步伐，依托独有的红色资源，大力发展红色旅游，打造"风展红旗，如画三明"红色旅游品牌。在全域旅游视角下，三明红色旅游品牌构建还存在主题形象定位不明确、时代感与体验感不足、营销与宣传方式创意不够、精品旅游线路吸引力不强等诸多问题。本文基于全域旅游全要素、全区域、全过程、全方位的发展思路，提出了三明红色旅游品牌构建路径。一是全要素塑造，突出"中国红军长征出发地"主题定位。二是全区域融合，以"红色＋绿色生态""红色＋美丽乡村""红色＋历史人文"创新红色旅游品牌。三是全过程体验，打造参与型红色旅游产品。四是全方位营销，构建红色旅游营销新模式，促进三明红色旅游可持续发展。

---

[*] 陈爱兰：三明学院副教授。

区位视角下的福建省乡村绿色振兴分类施策研究

郑国诜[*]

摘要：乡村振兴战略是党和政府的重大决策部署，自党的十九大报告提出实施乡村振兴战略以来，全国上下高度重视并持续推进乡村振兴。福建省乡村发展过程中，农业总产值、乡村实有劳动力、农民恩格尔系数、化肥施用量和农药使用量以及塑料薄膜使用量存在地区差异，农业基础设施还比较薄弱，部分村庄还远离现代文明，不少农民生活还不大便利，乡村生态环境还不容乐观。从乡村绿色振兴的条件来看，山区与相对落后地区具有明显的生态资源优势、传统文化资源优势、农林产业优势，但对人口的吸引力劣势较明显。面向现代化，在城镇化和城乡一体化过程中，不同区位的乡村面临不同挑战，乡村振兴要针对不同区位分类施策。要更加重视区位条件差异，针对内源空间场力大于外源空间场力的乡村（N＞W）、内源空间场力等于外源空间场力的乡村（N＝W）、内源空间场力小于外源空间场力的乡村（N＜W），要采取不同措施，分类施策推动乡村绿色振兴。

---

[*] 郑国诜：龙岩学院经济与管理学院副教授。

宅基地退出与乡村振兴运行逻辑

——晋江市案例分析

林彩云[*]

摘要： 实施农村宅基地退出是激活农村地区人口、土地、资金等要素流动，推进乡村振兴战略的具体举措。本文以晋江市为案例，运用扎根理论方法构建宅基地退出的理论模型与影响路径。研究发现，宅基地退出从产业发展、乡村规划、基层治理、分类推进、文化彰显5个方面形成系统的有机整体。基于推拉理论视域下的土地要素激活、经济社会属性的人地关系协调、宅基地退出动态过程的交易费用降低和对不同资源禀赋的村庄设计差异化退出模式的运行机理，在"内生推力—外源拉力—系统突变力"的作用力下推进乡村振兴目标实现。推进乡村振兴动力不足的原因在于乡村规划监督的缺位与对农户异质性特征关注不够。未来，应从基层治理结构、乡村振兴的阶段性特征建立起宅基地退出的长效机制。

---

[*] 林彩云：厦门大学马克思主义学院博士研究生。

数字技术赋能乡村振兴的意义、挑战及实现路径

朱元臻[*]

摘要：数字技术已然成为推进乡村振兴和农业农村高质量发展的新动能。当前，我国乡村数字化水平虽然迈上了新阶段，但是还存在一些短板，如资源利用不充分、整体发展不平衡、多元协同机制不完善等，农村居民的数字素养与技能也有待提高，数字乡村标准化体系建设还尚在起步。因此，要解决数字化转型期乡村振兴面临的一系列挑战，需要健全乡村人才数字化新队伍，培养乡村科技人才和高素质农民，夯实乡村振兴智力基础；要开拓农业生产经营数字化新局面，从"靠天吃饭"向"产销耦合"的农业数字化转型，进一步提升农业产业链水平；要构建乡村治理数字化新体系，一方面用数字技术保证公共信息的有效流动和多维获取，另一方面，利用数字技术在治理主体之间搭建及时沟通平台，打通基层"最后一米"，使治理主体之间不再是单维层面的"上传下达"，推动乡村基层社会治理的高质量发展。

---

[*] 朱元臻：福建师范大学马克思主义学院博士研究生。

新时代扎实推动共同富裕：概念辨析、现状挑战及路径选择

崔佳慧[*]

摘要：共同富裕是马克思主义理论体系的重要组成部分，是中国特色社会主义理论体系的实践精华。新时代扎实推动共同富裕进程中面临着发展不平衡不充分的挑战。如收入水平虽总体提高，但贫富差距拉大，当前社会生产力水平仍存在局限，无法全面满足人民对美好生活的追求等，同时，城乡之间、区域之间、行业之间的差距仍十分显著。新时代扎实推动共同富裕的路径主要是：一要加强党的全面统一领导，发挥党对共同富裕的领导核心作用；二要牢固树立人民主体地位，不断满足人民对美好生活的追求，把人民群众利益作为推动实现共同富裕的一切出发点和落脚点；三要发挥中国特色社会主义的制度优势，尤其是要坚持基本经济制度优势，"集中力量办大事"，为推进共同富裕提供制度保障；四要着力解决发展问题，一方面"做大蛋糕"，实现充分的高质量发展，另一方面"分好蛋糕"，重视发展的协调性平衡性，扎实推动共同富裕。

---

[*] 崔佳慧：福建师范大学马克思主义学院博士研究生。

IP 生产和流量变现赋能乡村振兴

马 聪[*]

摘要： IP 在互联网平台中可引申为具有一定影响力的文创产品，而流量变现则是把互联网平台上引流的流量转化为经济收益，实现价值。IP 生产和流量变现对于赋能乡村振兴具有重要的引擎作用。目前，IP 生产和流量变现赋能乡村振兴还存在较大的现实困境，如运作模式稳定性有所欠缺、自媒体内容开发创新不够、产业融合内生动力不足、版权保护和平台监管存在罅隙等，陷入了瓶颈制约，亟待探索破局之路。一要充分发挥政府规划引领和市场调控功能，加大财政投入力度，保证有力的政府财政扶持；二要培植独有的乡村文化特色，深入挖掘乡村多元价值，形成乡村"标志性符号"；三要多部门协同推进数字化改造，补齐数字基层设施短板，打通三大产业融合堵点，形成完整的产业生产链条；四要建立健全平台管理制度，突出强调互联网平台监管责任，严格筛选审核机制，净化网络空间，为 IP 生产和流量变现赋能乡村振兴营造良好生态环境。

---

[*] 马聪：福建师范大学马克思主义学院博士研究生。